KEEP MOVING

限界を作らない生き方

武藤将胤 Masatane Muto
一般社団法人「WITH ALS」代表

27歳で難病ALSになった
僕が挑戦し続ける理由

誠文堂新光社

I try to lead

as normal a life as possible,

人生は、できることに集中することであり、

and not regret

できないことを

the things it prevents me

悔やむことではない。

from doing.

— Stephen William Hawking

—スティーヴン・ホーキング博士

あの日から、何度落ち込み、何度泣いただろうか。
第一志望だった広告会社に就職し、仕事が面白くてたまらなかった。
守っていきたいと思う大切な人もできた。
人生これから充実し、花開こうとしているのに、
なぜ今？　なぜ僕の身に？
夢も、幸せな人生も、何もかもあきらめなくてはならないのだろうか。
僕の夢や人生は、これで終わりなのか。
「絶望」なんて言葉ではとうてい言い表せない。
僕は憤っていた。
行き場のない感情が、ふとした拍子に爆発する。
そして気づけば声を上げて泣いている。
悲しくてじゃない…………ただ、ただ、悔しくて。

あの日から、幾度の夜が明けても、現実は変わらなかった。

写真 阪本勇（カバー、P26, 40, 43, 46, 52, 56, 62, 77, 103, 111, 116, 132, 137, 143, 171, 175, 179, 200, 213, 218, 221, 234-238）、「WITH ALS」（P17, 20, 30, 45, 69, 72, 80, 128, 150, 153, 156, 160, 168, 226-233）
構成 阿部久美子
校正・校閲 あかえんぴつ
DTP 荒木香樹
ブックデザイン 吉岡秀典（セプテンバーカウボーイ）

KEEP MOVING

限界を作らない生き方

27歳で難病ALSになった僕が挑戦し続ける理由

Chapter 1

制約が僕を進化させてくれる

THINK DIFFERENT

いつだって

クレイジーなヤツが世界を変えてきた

1997年のAppleの広告キャンペーン。学生時代に初めて広告の力を感じて勇気をもらった。本気で世界を変えようと思う人たちが行動し続けることで世界は変わってきた。当時、どれだけクレイジーと言われて非難されたのか想像を絶する。だからこそ、世界を変えるんだという信念をもって行動し続けること、クレイジーであり続けることには意義があるのだ。

「なんてクレイジーなやつなんだ！」と言われた日

２０１７年３月、僕はアメリカ、テキサス州オースティンで開催された「ＳＸＳＷ２０１７」に参加しました。音楽、映画、テクノロジーの分野でさまざまなイベントが行われる大規模なカルチャー＆テクノロジー・フェスティバルで、ＳＸＳＷとは「South by Southwest（サウス・バイ・サウスウエスト）」の略です。

この音楽フェスの場で、僕は「ＥＹＥ ＶＤＪ」を披露しました。目の動きだけで、音楽と映像を操る、つまりＤＪ（ディスクジョッキー）とＶＪ（ビデオジョッキー）両方の役割を果たすというライブパフォーマンスです。

そのときに、盛り上がったアメリカ人の観客から言われたのが、

「おまえ、本当にゲーリッグ病（ALSのこと）なのか？信じられない。なんてクレイジーなやつなんだ！」

という言葉。

僕にとってはめちゃくちゃうれしいほめ言葉でした。なぜなら、僕は「クレイジー」と言われる人間になりたいとずっと思ってきたからです。

「クレイジー」には「頭がおかしい」みたいな意味もありますが、「ぶっ飛んでいる」「突拍子もない」「熱狂的にハマっている」みたいな意味もあります。そう、僕は「ぶっ飛んでるやつ」でありたい人間なんです。


きっかけになったのは、大学生の頃出会った、ひとつのCM映像でした。

「Think different.」というスローガンを掲げた1997年のアップル社のCMで、奇人、変人、革命者といわれ

てきた天才的な人たちの映像と共にメッセージが流れ、最後にアップルのロゴが出るというもの。

メッセージは、「クレイジーな人たちがいる。……」と始まります。アインシュタイン、ボブ・ディラン、キング牧師、エジソン、モハメド・アリ、マリア・カラス、ガンディー、ピカソといった世界にその名を轟《とどろ》かせる人たちのモノクロ映像が次々と流れ、「自分が世界を変えられると本気で信じる人たちこそが、本当に世界を変えているのだから」と静かに終わります。

1997年当時まだ小学生だった僕は、そのCMをリアルタイムで観た記憶はないのですが、大学時代に、インターンをしていたベンチャー企業の人が教えてくれたのです。すごいインパクトを受けました。

人から「クレイジー」と言われるくらいに自分の信念をもって何かにのめり込む、そんな熱さをもった人、自分が世界を変えられると本気で信じる人たちが、本当に世界を変えてきた——このメッセージが、深く心に刺さり、内側から自分が揺さぶられました。

そして、「クレイジーってカッコいいなあ」「僕もこういう生き方をしたい」と強く思ったのです。

「SXSW2017」に参加しEYE VDJを披露。「なんてクレイジーなやつなんだ！」と驚愕された。

「よし、僕もクレイジーに行動するぞ！」

そう決心した僕は、学生団体を立ち上げました。僕らの大学でまだ誰もやっていないことをやるための団体です。

じつは、「将来は広告の世界に進みたい」と考えるようになったきっかけも、この「Think different.」のCMでした。わずか60秒、90秒の世界で、人をこんなに感動させられる、人の心にスイッチを入れることができる、広告のもつパワー、社会を動かす力の大きさを感じ、俄然、広告業界への関心が湧いてきたのです。

そんなわけで、

「いつだってクレイジーなやつらが世界を変えてきたんだ」

「クレイジーにやろうぜ！」

これが、大学時代からの僕の口グセでした。

その僕がALSになり、できることにいろいろ制約が出てきている中で行ったパフォーマンスで「なんてクレイジーなやつなんだ！」と言われたわけです。これ以上うれしいことはない、っていうくらいテンションが上がりました。

どうしたら今の僕にも音楽表現ができるか？　ヒントになったメガネのこと

僕は音楽が大好きです。高校時代には、仲間とバンドを組んで自主ライブをやっていました。大学時代には、立ち上げた学生団体で音楽イベントを企画・運営したりしていました。

社会人になってからもずっと音楽と関わっていきたいという思いで、ＤＪ活動をやるようになっていたところに、ＡＬＳを発症しました。

手足の自由が徐々に奪われていって、昨日までできていたことが今日はできなくなるという怖さと日々闘う中で、「どうしたら、これからも音楽と関わり続けられるだろうか」と僕は考えました。

ＡＬＳは、まだ原因もよくわかっていないため、判明していないことがいろいろありますが、病気が進行しても眼の動きは比較的最後まで残るといわれています。そのため、視線入力装置を用いて意思伝達を日常的に行っている方たちが多くいます。

僕自身ALSになってから、たくさんの患者さんにお会いしてきました。50代以上の方が圧倒的に多いのですが、60代、70代の方でも、みなさん視線入力装置を巧みに使ってコミュニケーションをとっています。手も動かない、言葉も発せられない、それでも眼で言いたいことを伝え、メールなどもバンバンやりとりしているのです。

その姿を初めて見たときは、「わあ、なんてハイテクな方たちなんだろう!」と驚きました。同時に、僕自身もそこに大きな希望を見出すことができたのです。

僕は、視線入力についていろいろ調べるようになりました。


そんな中で知ったのが、メガネメーカーのJINS（株式会社ジェイアイエヌ）さんが発表した「JINS MEME（ジンズ・ミーム）」というメガネ型のウェアラブルデバイスです。眼の動きを検知する「眼電位センサー」と、身体の動きをとらえるセンサーを搭載したメガネ型ウェアラブルデバイスで、眼の動きで自分の健康状態をチェックすることができるというものです。

可能性を感じて関心をもった僕は、すぐにフラッグシップストアに出向いてそのメガネの着用体験をさせてもらいました。

第一印象は、とにかく軽くて、いい意味で「普通のメガネみたいだ」ということでした。視線を計測できる「アイトラッキング装置」を搭載したデバイスも最近はけっこういろいろ出てきていますが、〝ごついメカ〟という感じのものがほとんどです。しかし、ジェイアイエヌさんの作ったデバイスは、ぱっと見には普通のメガネと変わりありません。その「いかにも障害者向け」なテイストがないところがすごくいい、と僕は感じました。

この「JINS MEME」を活用して、眼の動きを使って電子機器をコントロールするようなものができないだろうか——。僕はジェイアイエヌさんに提案しました。

そして、僕ら「WITH ALS」とのコラボレーションが始まったのです。

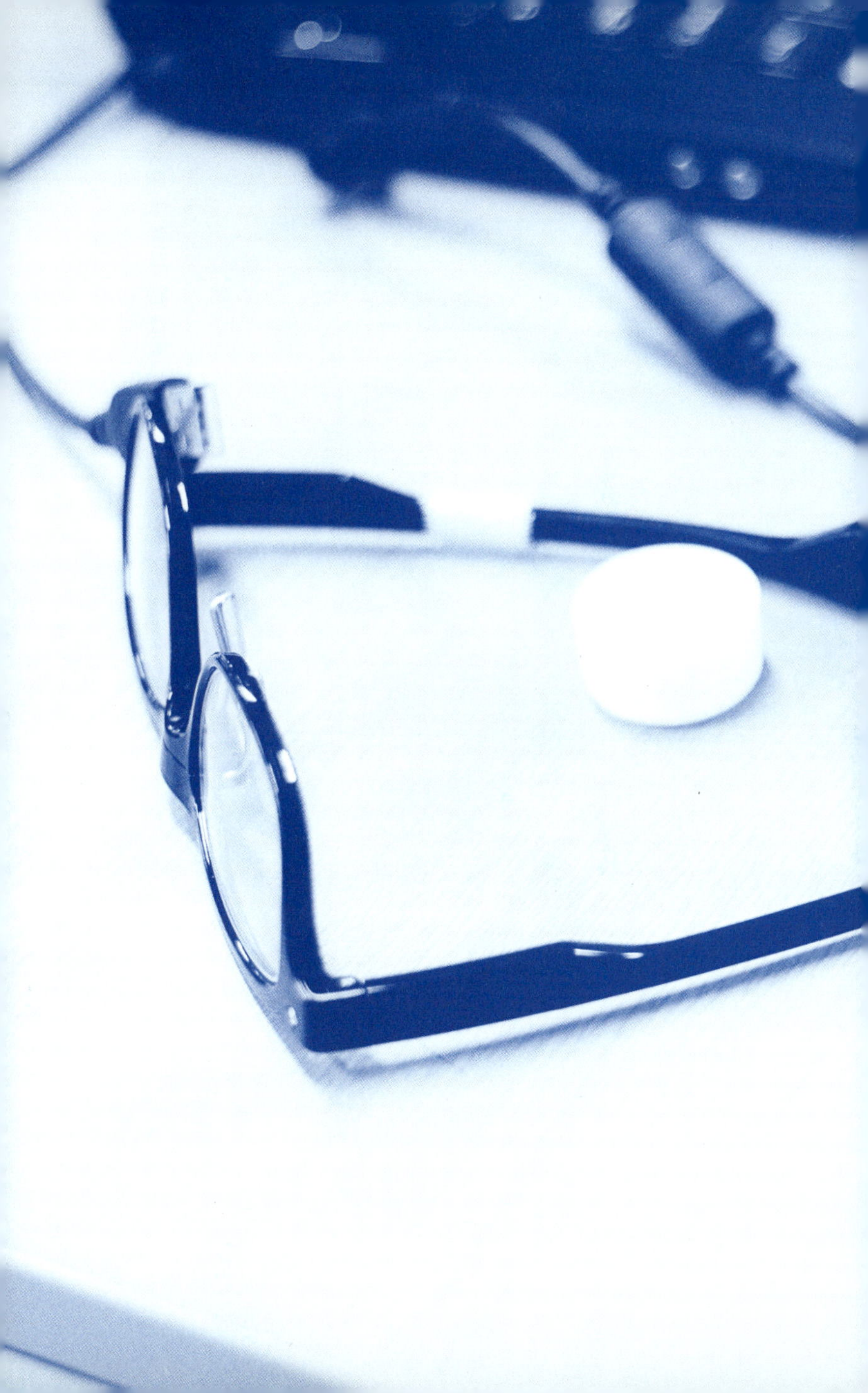

視線で電子機器を操作するしくみ

眼の動きで電子機器の操作をするとはどういうことなのか。

簡単に言うと、人間が眼を動かすときには、微弱な電気が発生します。それを感知するのが「眼電位センサー」です。センサーが、瞬きをしたり、視線を動かしたりするときの電気信号をキャッチして、電子機器に操作指令を出すわけです。

そのしくみを利用して、「JINS MEME」で電子機器の操作が手軽にできれば、僕は手が動かなくてもDJとかVJができる。理論的にはそういうことになります。そういうことがしたいんだと最初にジェイアイエヌさんにお話ししたとき、

「理論的にはわかるのですが、そんなことができるんですか?」

と驚かれました。そういった使い道は思いもかけていなかったというのです。

僕ら「WITH ALS」のメンバーには、技術的な専門家はいません。ただ、「こんなものがあったらいいよね」とか「こんなふうにしたらできないかな?」というアイ

ディアはたくさん湧いてきます。それを実現化させ得るテクノロジーをもつ専門家と僕らがタッグを組むことで、まだ世の中にはないものがきっとできる、僕はそう思っていました。

眼の動きだけで電子機器を操作するなんて、ものすごく難しいことのような気がします。でも、ゲーム機のジョイスティック（レバーで方向入力をする機器）と決定ボタンをイメージしてみてください。決定ボタンを押すことを瞬きで、ジョイスティックを上下、左右、斜め4方向に動かすのを視線移動でやれれば、眼で電子機器を操作することってできますよね。

何かものすごいものを「発明」しなくても、すでに世の中にあるものを工夫して、活用、改良していくことで、できはしないだろうか。専門的なことを知らないからこそ、僕らは自由に発想することができます。

僕自身が実験台となって、眼の動きで電子機器を操作をするアプリケーション、DJとVJができるシステムを作るチャレンジを始めました。

一般的には、DJを行う人とVJを行う人はそれぞれ別です。眼の動きでDJをやる

ということ自体が突拍子もないことなのに、「眼だけでＤＪもＶＪもやりたいんだ」というのがかなり無謀なアイディアであることは、僕だってわかっていました。

でも、手の動かなくなった僕がひとりで両方できたら、ＡＬＳによって身体に障害が出る前よりも、僕は進化することになります。言い換えれば、制約を自分の武器にしてしまえる、障害をアドバンテージにできる、ということなんです。

無茶は承知でしたが、こんなワクワクするチャレンジを思いついてしまったら、もう挑まずにはいられません。「クレイジーにやろうぜ！」なのです。

「ＥＹＥ ＶＤＪ」ができたから可能になったこと

僕の頭の中の「こんなものがあったらいいな」という妄想から始まったこのプロジェクトが実現し、発表にこぎつけることができたのは、２０１６年6月21日世界ＡＬＳデイのときでした。

僕らはこの「眼の動きで音楽と映像を操るプレイ」を「ＥＹＥ ＶＤＪ」と名付け、音楽フェスやイベントなどの会場で披露させていただいてきました。世界中でまだ僕のほかには誰もやっていないチャレンジだろう、と自負しています。

開発過程では、眼の動きの繊細さ、人体の構造のデリケートさというものを痛感したこともありました。ライブ本番前には、僕も眼の動かし方を一生懸命トレーニングして何度もリハーサルを重ねました。しかし、本番を迎えて僕が普段よりも緊張していると、無意識の瞬きが多くなります。自分では落ち着いているつもりでも、身体は緊張し、眼の状態もいつもと違う興奮状態になっているんです。そうすると、視線の動きの読み取りがリハーサルのときのようにはいかなくなってしまうのです。

最初の音が出るまでに、30分もかかってしまったことがありました。

それが、お客様の前で初めてプレイした、第一音、ＥＹＥ ＶＤＪとしての第一歩のときのことです。

チャレンジにはいろいろなアクシデントが付き物です。今となっては、大切な想い出話のひとつですね。

そうした点も、開発チームのみなさんと二人三脚で研究を重ねていきました。

日ごろ無意識にやっている周期性、反射性の瞬きと、意識的にやる随意性瞬きとをセンサーが区別して検知できるようにしたり、最大8方向（左右上下斜め）まで、眼の動きを識別させることができるようにまでなりました。日々改良を繰り返すことで、精度を上げていったのです。

プレイするのは僕ひとりですが、博報堂、山本製作所、invisible Designs lab.、本当に素晴らしいプロジェクトチームの仲間と挑んだことで、実現したのです。

僕がEYE VDJをやるために作ったこのシステムを応用することで、視線入力でさまざまな電子機器を操作するアプリケーションを開発することもできました。それが「JINS MEME BRIDGE」というアプリケーションです。Android用アプリなので、Androidのスマートフォンを持っていれば、誰でも使えます。

前述したように、ALSの患者さんたちの多くは視線入力装置を利用しています。しかし、これまでの装置は基本的にパソコンを使って操作する大がかりなものばかりでした。でも、「JINS MEME」なら、メガネとスマートフォンさえあればいい。大きな装置が必要ないということは、ALS患者さんでもただベッドの上に横たわっているだけでなく、移動しながらいろいろなことができるようになります。

どんなことができるかというと、たとえば、目の動きや瞬きで、スマホカメラで写真撮影ができます。

音楽ストリーミング配信サービスSpotifyにつなげて、好きな音楽プレイリストを再生したり、停止したりすることもできます。

スマートリモコンとの連携によって、部屋のエアコンやテレビ、照明をコントロールすることも可能です。自分の意思でこうした環境操作ができるだけでも、日常生活の快適さはまるっきり変わってくるはずです。

映画で観た「夢のツール」みたいなものができたら

僕の創造力の根っこにあるのは、「映画に登場するような夢のツールを実現させられたら楽しいな」という気持ちです。小さい頃から映画が大好きで、映画からたくさんの刺激を受けてきました。

僕が生まれたのはアメリカ、カリフォルニア州ロサンゼルスです。生粋の日本人ですが、両親が仕事の関係でアメリカ暮らしをしているときに向こうで誕生しました。

小学校に入る前に日本に帰国しましたが、僕の中の「カッコいい」もの、「面白い」ものの原点というのは、ほとんどアメリカン・カルチャーにあるといってもいいかもしれません。日本で幼少期を過ごしていたら、きっとテレビアニメだったり、戦隊ものだったりに影響を受けたのでしょうが、僕にとってはそれがディズニー作品やアメリカン・コミックスを原作とするハリウッド製作の子ども向け映画だったわけです。

僕は、ひたすら愛らしいキャラよりも、ひとクセあるようなキャラが好きでした。

当時、僕がドハマりしたキャラクターのひとつが、『ミュータント・ニンジャ・タートルズ』に出てくるカメたちでした。本来は動きの遅い動物であるカメたちが、人間というか忍者として華麗な技を繰り広げる。考えてみれば、はちゃめちゃな設定ですが、好きでしたね。すごくハマっていました。

そして、映画を観た後は、自分のお気に入りのキャラがその後どういう活躍をするかという続きの物語を自分で勝手に作るのが好きでした。

ニンジャ・タートルにしても、家のリビングのソファの下とか照明スタンドの下を彼らの秘密基地に見立て、タートルの人形を手にして、自分のオリジナルストーリーを展開させてひとり遊びするようなことをよくやっていました。

もうひとつ忘れられないのが、映画を観ると、そこに出てくるツールやギアにやたらと目が向いていたこと。たとえば、『ゴーストバスターズ』のメンバーたちがゴースト退治に行くときに乗っていた車とか、背負っていたタンク。『バック・トゥ・ザ・フューチャー』のスケボー型ホバーボード。現実にはありえない面白い道具類に惹《ひ》きつけられ、「これ欲しいなあ」とか、「こういうものに乗りたい」とか、夢見る子だったのです。

昔は夢のツールだったものが、実際に製品化されて僕たちの生活の中で使われているというものが、たくさんありますよね。それによって、僕らの生活はどんどん便利に、快適になってきました。

テクノロジーが大好きな僕の根底には、映画に出てきたようなものが実現する社会へのあくなき憧れ、テクノロジーが暮らしを明るく変えてくれるという期待感が強くあるのです。

眼でできることで楽しめる世界を拡げたい

昔から僕は、写真や映像を撮ることが好きでした。今はもう、カメラを構えて手でシャッターをきることができなくなってしまいましたが、「JINS MEME BRIDGE」のアプリを使うことで、この眼で見ている景色を、瞬きひとつで再び写真や映像として撮ることができたらと考えると、ワクワクします。

また、僕がEYE VDJをやり、楽器演奏者やラッパーとセッションできたら、すごく楽しいだろうな、とも思います。

あるいは、視線で絵が描けるようになったりするのも、とても楽しいことでしょう。

障害者のためのツールを見ていると、日常生活の中の支障を減らせればいいだろう、最低限のことができればいいだろう、といった視点で考えられていることが多いのです。疾患や障害のある人は、「とりあえず日常生活を無事に送れることだけでありがたい」と思っていなければいけないのでしょうか。それ以上のこと、好きなことをやることを我慢したり、表現活動をあきらめたりしなければならないものでしょうか。

ＡＬＳに限らずさまざまなハンディを背負った人も、それぞれの制約を超えて「好きなこと」がもっといろいろできるようになったら、前向きにイキイキと生きていく意欲をかきたてられるようになると思います。

僕は、ハンディがある人ができること、その可能性を拡げたいのです。

「すべての人に表現の自由を」

それが、このプロジェクトで、僕が社会にもっとも発信したいメッセージでした。

その最初のアプローチが、僕にとっては眼でできることを増やすことでした。

僕たちは「オープン・イノベーション」の姿勢で、開発してきたソフトウェアの軌跡を、無償で世界中の開発者に公開しています。このアプリの機能がいっそう飛躍的に充実していってほしいと願っているからです。

機能が増えていくことで、ひとりでも多くの人の表現の自由をかなえられるように。

僕の「ＥＹＥ ＶＤＪ」というアイディアは、僕自身が制約のある生活を余儀なくされたからこそ、思いついたものでした。健常者として生きていたら、こんな発想は出てこなかったと思います。

SOUND CREW
WITH

いや、カラダの動きは日々少しずつ不自由になっていく。
こうしている今も、病気は僕のカラダを蝕《むしば》んでいるのだ。
悪い夢なんかじゃなくて、これはリアルな現実だった。
明日の朝、目が覚めたとき、この手は、この足はまだ動くのだろうか。
言いようのない不安と恐怖が、毎夜、毎朝、僕を襲う。

それでも……「受け入れなくては前に進めない」、そう思った。
絶望の中で、もがき苦しみながらも、必死に前を向いて、僕は決意した。
僕はＡＬＳと共に生きる、と。
この現実を受け入れる。決して自分の人生をあきらめたりしない、と。
そして、どんな状況になっても、僕らしく生きてやる！
笑顔で迎える未来のために、僕は今日も行動し続ける。

―KEEP MOVING.

武藤 将胤

「アイスバケツ・チャレンジ」を覚えていますか？

みなさん、こんにちは。武《む》藤《とう》将《まさ》胤《たね》と申します。

1986年生まれ、2018年現在31歳。僕は27歳のときに難病「**ALS**（筋萎縮性側索硬化症）」を宣告されました。

ALSと聞いて、あなたは何が頭に浮かびますか？

「車いすの天才科学者」、スティーヴン・ホーキング博士？

博士は、おそらく世界でもっとも有名なALS患者さんです。電動車いすに乗り、音声合成によるコミュニケーションで研究活動を続けられる博士の姿は、多くの人の脳裏に刻まれているでしょう。2018年3月に惜しくも亡くなられてしまいましたが、ALSという病気を広く世の中に知らしめた最大の功労者といえます。

アメリカでは、ALSはメジャーリーグの往年の名選手、ルー・ゲーリッグを引退にいたらしめた病気として知られ、「ルー・ゲーリッグ病」などとも呼ばれています。

漫画『宇宙兄弟』を思い浮かべる方もいるかもしれません。あのストーリーの中にも、ALSで父を亡くした経験をもち、医師から転身した女性宇宙飛行士や、ALSを患う天文学者が登場します。

あるいは「アイスバケツ・チャレンジ」を思い出す方もいるのではないでしょうか。著名な政財界人やエンターテイナーたちが氷水を頭からかぶって、大いに話題を呼んだあれです。2014年の夏、アメリカで始まったムーブメントは、FacebookなどのSNSやYouTubeを通じて、一気に世界中に広まりました。

アイスバケツ・チャレンジは、「まだ治療法の確立されていないALSの治療法の研究開発を支援しよう」という目的で始められたチャリティ・キャンペーンでした。SNSで拡散する、動画で誰もが見ることができる、という時代のツールとの相性がよかったこともあり、たいへん盛り上がりました。

アイスバケツ・チャレンジによってALSの知名度は一躍世界中に広まり、多額の支援金が寄せられました。そのおかげで、ALS治療薬の研究にも希望の光が見えてきたといわれています。しかし残念ながら、今もALSの画期的治療法は確立されていないのが現状です。

ＡＬＳの宣告

世の中がアイスバケツ・チャレンジに沸いた２０１４年の夏、僕は「ＡＬＳの疑いがある」と言われて、不安の真っただ中にいました。普段の僕は世の中を変えていく活動には積極的に関わりたがるほうですが、あのときは自分自身が氷水をかぶる心境にはとてもなれませんでした。

その年の秋、２０１４年10月27日、僕はＡＬＳであると宣告を受けました。

「**筋萎縮性側索硬化症**（Amyotrophic lateral sclerosis 略称 **ＡＬＳ**）」は、身体を動かす運動神経が変性し、徐々に壊れてしまう疾患です。手足をはじめ身体中の筋肉が少しずつ動かなくなっていき、声を出すこと、食べ物を飲み込むことなども難しくなり、やがては呼吸機能も侵されてしまいます。

現在、世界で約35万人、日本では約1万人の患者さんがいるといわれています。しかし、いまだ原因もはっきりとわからず、有効な治療法も見つかっていません。一般的には50～70代に発症するケースが多く、僕のように20代の若さで発症するのは稀《まれ》なのだそうです。

進行のスピードや症状の出方には、かなり個人差があります。ただ、いずれにしても進行が進むと呼吸障害を引き起こしてしまうので、命の危険が生じます。発症してからの平均余命が3～5年という厳しいデータもあります。

ＡＬＳのさらに大きな問題点は、身体が動かせなくなり、声も出せなくなり、顔の表情筋を動かすことも、瞬きすらもままならなくなっていき、他者とコミュニケーションをとる方法が失われてしまう、という点です。病気によって衰えるのはいわゆる運動機能だけで、意識や感覚、知性など、いわば知能の働きは健常なときと変わらないのに、外界とまったくコンタクトできなくなって「閉じ込められ状態」になってしまうのです。

なぜそんな病気に、僕は選ばれてしまったのか。しかも20代の若さで。

秋の深まりとともに、アイスバケツ・チャレンジの話題は少しずつ口端《は》にのぼらなくなっていきましたが、僕にとってＡＬＳは、これからずっと闘っていかなくてはならないもの、僕の生命を揺るがす脅威として、目の前に立ちはだかっていました。

好きだったものが奪われていく……

自分自身がＡＬＳ患者という立場になって感じたのは、「これまで当たり前にできていたことができなくなっていくのは、自分らしさを失っていくような不安や寂しさ、歯がゆさをともなう」ということでした。

たとえば、僕は自転車愛好者で風を切って街中を疾走するのが大好きでしたが、愛用のマウンテンバイクに乗れなくなりました。

自分の部屋にＤＪブースを設けてしまうくらい、好きな音楽にひたった生活をしていたのに、手でＤＪプレイができなくなりました。

お気に入りのシャツのボタンが留められない、大好きなデニムがはけない、好きな洋服もどんどん着られなくなっていきます。

自分から好きなものが次々と奪われていく、それは「僕らしさ」が次々と失われていってしまうような感覚でした。

そんな中で考えたのは、「どうしたら、この状況の中でも自分らしさを損ねずに笑顔になれるのだろうか」ということでした。

ふと、これはＡＬＳという病気に限らず、さまざまな病気や障害によって「普通の生活」ができなくなった人すべてに通じることなのかもしれない、と思いました。みんな僕と同じように日常から好きなものが奪われていき、そのことに寂しさや不安やストレスを抱えているけれど、患者側の立場からはなかなかそういうことを発信できないまま、悶々としているのではないだろうか。

僕自身、自分がこういう状況になったことで、障害のある人の生きづらさを初めて実感として味わいました。難病患者になったからこそ、今の僕の立場だからこそ、言えることやわかることがあります。そういう視点で、ALSをはじめ、いろいろな病気や障害のある方たちが、どうしたらもっと生きやすくなれるのか、「QOL（Quality of Life ―生活の質）」の向上のために、この状況を変えていく活動ができるのではないか、そう考えるようになったのです。

神様という存在があるのであれば、「おまえ、この分野にイノベーションの風を起こせよ！」と僕に使命を与えたんじゃないか、僕が20代の若さでこの病気を発症したのは、ひょっとしたらそのためなのかもしれない、そんな気すらしてきました。

僕は、ALSという病気を憎んだり、こんな境遇になった自分の人生に希望を失ってしまったりするのではなく、「ALSと共に生きる」ことにしたのです。

さまざまな制約はあるけれど、僕が僕らしくいるために、そしてハンディキャップを背負う人がその人らしく生きられるようにするために、新たなアイディアを考え、制約という壁を越える挑戦をしていこう――。そういう思いで「WITH ALS」という団体を立ち上げたのです。

身体は動かなくても、行動し続けることはできる

僕自身の身体的制約は、日々増しています。

声を出すことも、かなり苦しくなってきました。呼吸障害も少しずつ起き、気管切開手術をして人工呼吸器を装着するかどうかという選択を迫られる段階になりました。

気管切開とは、肺に空気を送ったり、痰《たん》を吸引したりするための穴をのどぼとけの下に開けることです。気管切開して人工呼吸器を装着することで呼吸が維持できれば、差し当たって命の危険を遠ざけることができます。ただその場合、自分の声で話すことが難しくなります。人とコミュニケーションをとる方法が減っていく中で、声を失うのは大きな不安材料です。

しかし、僕はそれを受ける決断をしました。

できなくなってしまったことは山ほどありますが、それを嘆くのではなく、残されている機能をどれだけ最大化させていけるか、そこを大切にしたいと僕は思っています。

今、手は指先だけがやっと動かせる状態ですが、電動車いすのスティックをいじったり、スマホを操作したりすることができるので、毎日、電動車いすであちこちに出かけ、人と

会い、忙しく働き続けています。

滑舌がどんどん悪くなっていますが、ラジオナビゲーターもやっていますし、手が動かなくても、イベントやフェスでDJ、VJをやってライブ活動をしています。

それが可能なのは、僕が多くの「サポーター」に助けてもらっているからです。家族、仲間、介護や医療関係のスタッフといった周囲の人たちはもちろんですが、僕のサポーターは「人」だけではありません。さまざまな「テクノロジー」の進化もまた、僕を強力に支えてくれています。

人と人とのコミュニケーション、先進のテクノロジー、このふたつの力を駆使して、障害のある人も、そうでない人も、もっと生きやすくしていく。これが僕の描いているボーダーレスな社会の未来像です。

僕は、ALSという難病が治せるようになる日を、一日でも早く迎えたいと心から願っています。その日は決して遠くないはずだとも信じています。その日を迎えるために、今自分にできることを、日々全力でやっています。

「ALSが治る未来」が必ず来る、必ず創れると信じている僕の頭の中を、この本で覗《のぞ》いてみてください。

SANTA CRUZ
MECCANO

から下りきるとか、公園の激しい傾斜の斜面を下るとか。段差があるところを見つけると、そこでいろいろな技を練習していました。

その友だちがメカに強かったので、カスタマイズにもハマりました。

たとえば、衝撃を吸収するサスペンションというパーツがあります。最初は「タイヤの横にこれが付いていたほうがカッコいい」と単純に思って、付けてみたのです。それで走ってみたら、今まで下りることのできなかった段差も下りることができました。

「おお、すげぇ！」

その機能アップに、後から気づいたのです。

そんなことから、「グリップをもっとこういうものに替えたらどうかな」とか、いろいろ工夫するようになったのです。ちょっとずつ改造しては、いっそうワクワクしながら都内のあちこちを走り回っていました。今思えば、あれは僕の「イノベーション」を求める気持ちの原体験といえるでしょうね。

道なき道を行くスリルと快感

自転車以外でも、身体を動かすことは何でも好きでした。

スポーツとして最初に取り組んだのはスキーです。小学校1年生の頃から、毎シーズン、長野の奥志賀高原にスキー合宿に行っていました。冬休みと春休みの2回、合宿生活をしながらスキーのレッスンをするのです。

僕は、先生の後をついて決められたところを決められたように規則正しく滑る練習は、ちっとも面白いと思えませんでした。それよりも、「このコース、好きに滑っていいよ」と言われたときのほうが、圧倒的に好きでした。

もっと好きだったのは、踏み固められていないふかふかの新雪を滑ること。合宿ではそういう機会はなかなかなかったのですが、たまに親戚のおじさんに連れて行ってもらうときは、みんな上級者だったので、スキー場の整備されたコースを滑るのではなくて、自然の山の中を自由に滑るのです。大人に交じって、木々を縫いながらコースのないところを自在に滑り下りる感触は、めちゃくちゃ楽しいものでした。

それと同じ感覚をマウンテンバイクで体験したこともあります。

中学生の頃によく通っていたサイクルショップの人が、夏のスキー場に連れて行ってくれたのです。夏場、スキー場はマウンテンバイクのコースとして開放されていて、自然の山を自転車で駆け下りる体験を初めてしました。これもまた、道のないところを自由奔放に走るもので、サイコーに気持ちいいものでした。

その後、インラインスケートもやりましたし、スケボーも、スノーボードもやりました。僕はそういうスピード感、疾走感の味わえる「乗り物」が大好きなんです。

なぜこんな話をしたかというと、道なき道を行くスリルと快感、ハイスピードで疾走する快感というものが、僕のマインドには深く刷り込まれているということを伝えたかったからです。そういう楽しさ、気持ちよさをたくさん味わってきたことで、今の僕があるわけです。

ＡＬＳという病気になったからといって、僕という人間の中身は変わらないのです。だから「カッコいい乗り物」を追い求める気持ちは、対象が車いすであっても変わりませんでした。カッコよくて、機能性が高くて、疾走感が感じられるもの、そういう要素が揃っていなければ「乗りたい」とは思えなかったのです。

自由に行動できることの幸せ

僕は今、WHILLに乗ってひとりでどこへでも行けます。

もし、こんなに便利で安定性の高い次世代型電動車いすがなかったとしたら、僕の車いすを押したり、段差を昇り降りできるかどうかを気遣ったりしてくれる人、付きっきりでいてくれる人を確保しなくてはいけなかったでしょう。

僕の場合、仕事に集中していて帰宅が深夜11時、12時になることもあります。誰かにつねに車いすを押してもらわなければならない状況であったら、今のようなペースで思う存分仕事に打ち込むことはできなかったと思います。

そう考えると、WHILLに乗ってひとりで行動できるということは、単に便利というだけでなく、今の僕の生活、生き方というものを本質的に支えてくれている、といえ

ます。

休日に妻と過ごす時間にも変化が起きました。歩きにくくなってからは、一緒に出かけることがどんどん減ってしまっていました。僕は重い荷物を持ってあげることもできない、むしろ僕が一緒に行くことが、妻に負担をかけてしまうようになっていたからです。

しかしWHILLに乗るようになってからは、またふたりで一緒に買い物に出かけるようになりました。簡単に分解して車に載せることができる新型WHILLもあるので遠出もできます。

遅い時間まで仕事に没頭するとか、休日に妻と出かけるというのは、健常者の人にとってはなんということのない当たり前の日常のひとコマですが、今の僕にとっては、そうやってなんということのない普通の生活が送れることは大きな喜びです。

「今のこの一瞬一瞬を僕は確かに生きているんだ」と実感するのは、なにげないことが普通にできることなのだということを、僕はこの病気になって初めて痛感するようになりました。

自分の意思で自由に動ける、活動できるって、人間としてものすごく幸せなことなんですよ。

カーシェアでＷＨＩＬＬを使用している方たちも、みなさん積極的にあちこちに出かけています。

そのひとりに、同世代で2児のお母さんである女性がいます。

「ＷＨＩＬＬを使うようになって、子どもたちと一緒に公園に行くことができるようになりました。子どもとのかけがえのない時間を味わえて、とてもうれしいです」

と言ってくださっています。

ほかの方たちも口々に、

「もう手放せない」

「自分の相棒だ」

などとおっしゃっています。

そんな言葉を聞くと、「あきらめずにこのプロジェクトを始めてほんとによかったな」と思います。

先日は、カーシェアを利用されている方とそのご家族たちと一緒に、車いすのツーリングに出かけ、みんなで東京タワーに昇りました。その方のお子さんたちも来て、自由に走り回る子どもたちをみんなで車いすで追いかけながら、「こんな時間も、築けてよかった未来のひとつだよなあ」と僕は感じました。

みんなの笑顔を増やそうよ

今の日本では、介護の人材が圧倒的に足りません。超高齢化社会に向かって、介護の世界の人手不足の問題は、ますます顕著になるでしょう。

WHILLで単独行動ができることで、車いすを押す人が要らなくなることからもわかるように、新しいテクノロジーを活用することは、暮らしを便利にしてくれるだけでなく、人手不足を補う働きもしてくれると思うのです。

ALSのような難病の人だけでなく、いろいろな人がWHILLのようなモビリティを手軽に使えるようになることは、これからの福祉、介護の分野ではとても大切なことだと僕は思っています。

僕自身、ひとりの難病患者として、今の障害者支援の考え方には「デザインだとかカッコよさのようなものを求めるのは、贅沢なんじゃない？」という風潮が根強くあるように感じています。

公費を投じるわけですから、シビアになる部分があるのもやむを得ないとは思いますが、たとえば誰もがポジティブに「乗りたい」と思える車いす、ワクワクして外に出かけたくなるデザインの車いすがもっと増えて、世の中に普及すれば、その人はもっと楽しく生きられるようになります。病気の進行や障害に対する鬱々とした気分も吹き飛んで、楽しくイキイキと毎日が過ごせるはずです。それが病気の進行をくい止め、免疫力を上げて悪化を阻止するようなことにもつながっていくかもしれません。

それは本人だけでなく、周囲でサポートする人たちの負担も軽減し、お互いが笑顔になれることにつながっていきます。トータルで考えれば、みんなの幸せ、みんなの笑顔につながっていくと思うんですね。

ＷＨＩＬＬを乗り回していると、

「あれ、何？　カッコいいね」

「ハイテク！　近未来的！」

という感じで興味をもってもらえることも多々あります。

僕はうれしくなって、

「カッコいいでしょ！」

とニコニコして言ってしまいます。

あるとき音楽フェスの会場で、ＷＨＩＬＬにプロジェクションマッピングをやってみました。すると、みんなスマートフォンでパシャパシャ写真を撮ってくれていました。それが車いすだという先入観がない状態で、「なんかカッコいいね」と思ってくれる人が増えたら、「ちょっと乗ってみたい」と思ってくれる人が増えたら、この社会は少しずつ変わっていくのではないかな、と考えています。

よりよい未来というのは、一気に出来上がるものではないと思うんですよね。みんながちょっとずつ意識を変え、心の垣根を取り払う努力を重ねることで、少しずつ世の中の認識が変化して、少しずつよりよい未来に近づいていくのだと思います。

そのことを信じて、僕は今日も行動し続けています。

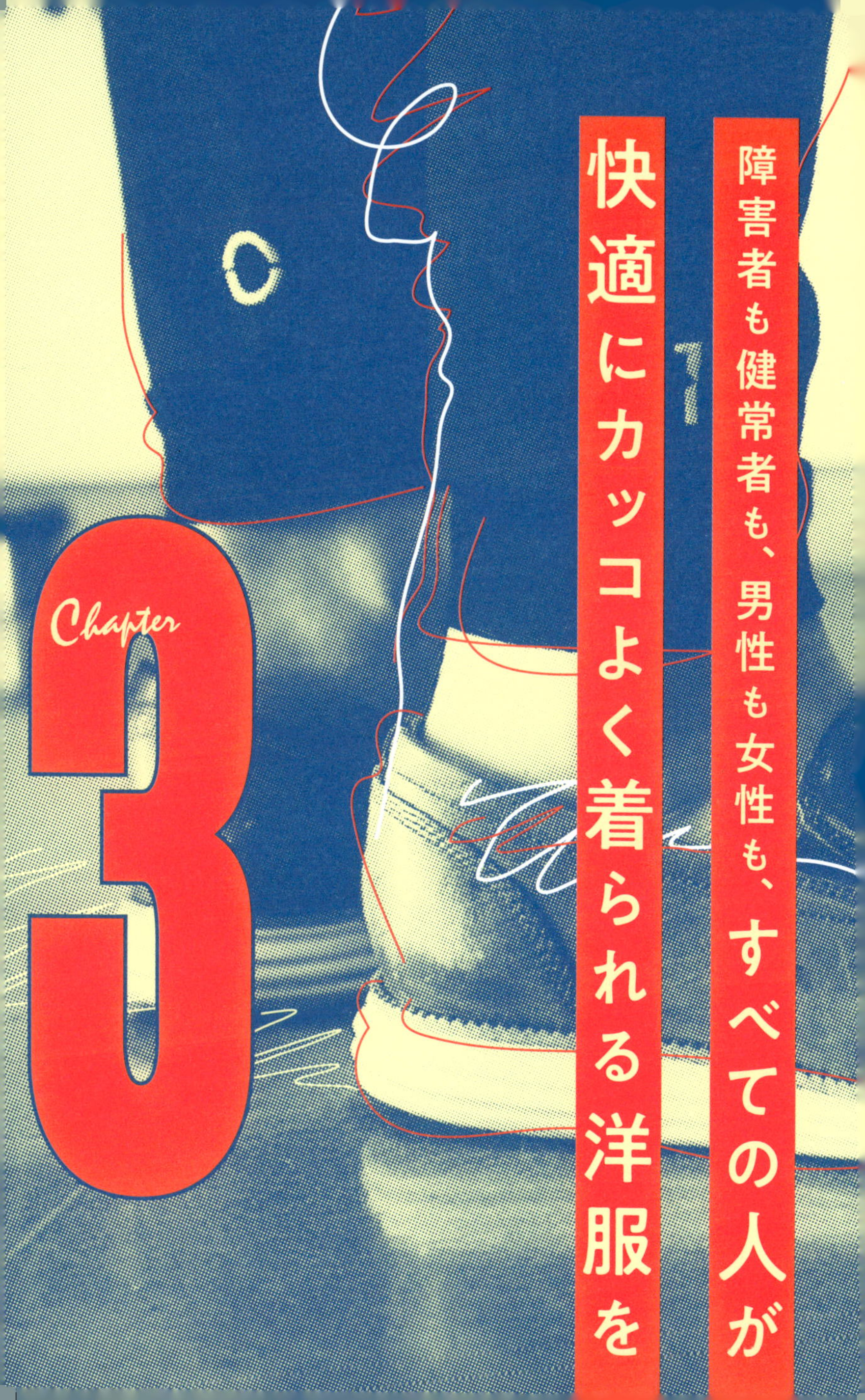

Chapter 3

障害者も健常者も、男性も女性も、すべての人が快適にカッコよく着られる洋服を

NEVER CHANGE

変わりゆく変わらないもの

友人からの印象的な言葉がある。「ALSになった今も、なる前も、中身の根底の部分はまったく変わらない。武藤将胤っていう人間らしい」。僕の活動を通してこのように言ってくれたことがすごくうれしかった。自分が歩みを止めないことで「変わってない」と感じることはすごくうれしい。本来、障害者、健常者に垣根はないのだと改めて思わせてくれた言葉だった。

洋服好き男子

大学時代、僕は友だちからよく、

「おまえ、ほんとどこにいても目立つな。階段教室でも講堂でも、どこにいるかひと目でわかるよ」

と言われていました。

当時の僕は、かなり奇抜な格好をしていたからです。赤、青、ピンクなど目のさめるような原色系カラーの洋服に、シルバーの靴。髪も青く染めてみたり、アッシュにしてみたり。

そりゃあ目立ちますよね。でも自分としては目立ちたいからやっていたわけではなく、誰も着ていないもの、自分らしい格好やスタイルって何かと追い求めていたのだと思います。

僕が洋服への興味に目覚めたのは、高校時代です。自分の個性というものをどうやって表現したらいいのかがまだよくわからない年頃。音楽とかファッションで自分らしさを表現する楽しさに気づいたんです。

当時すごく好きだったブランドのひとつが、「LAD MUSICIAN（ラッドミュージシャン）」です。「音楽と洋服の融合」を基本コンセプトにしていて、ミュージシャンが愛好するような細身のシルエットでモッズのようなカッコよさがある日本のブランド。

あまりにハマっていたことから、一時はまわりから「ラッドの武藤くん」と呼ばれるくらい、よく着ていました。夢中になると昔からその世界にのめり込むタイプなんです。

細身の洋服は窮屈な感じになりがちですが、ラッドミュージシャンの洋服は着る人のことをよく考えていて、機能性も高く着心地がいいんです。

「こういう洋服が、もっといろいろあるのかもしれないな」と思って、古着屋さんやさまざまなブランド巡りをして、自分がカッコいいと思うものを見つけ出すようになりました。自分の個性を見つけて、それを身にまとう、これはすごく強い表現手法だと思い、どんどん洋服好きになっていったのです。

もちろん、トレンドは何かというのも、雑誌を見たりしてチェックはしていましたが、僕はみんなが着ている流行りものはもちろんのこと、それ以上に、人が知らないブランドを探したり、カッコいい感じに古びたジーンズを見つけたりすることが面白かったんです。

大学受験に失敗して1年浪人をしたのですが、浪人中も勉強はそこそこに洋服屋さんに通っていました。そのつけは、翌年の結果に出てしまうことになるのですが。

高校生から浪人時代、大学1、2年の頃まで、とにかく洋服への興味がハンパではなく、その頃の夢は、「将来はファッション、アパレル関係の仕事に就き、いずれは自分のファッションブランドとセレクトショップを持つこと」でした。

LAD MUSICIANのお気に入りのTシャツを着て、いつも奇抜なスタイルで登場。

好きな洋服が着られなくなっていく

その後、社会人になっても、洋服好きであることは変わりません。自分の本当に好きなもの、自分に似合うものが少しずつわかるようになりました。

カッコよさ、着心地のよさ、遊び心の利いたデザインやアクセントカラーなど、自分の気分を上げてくれる洋服へのこだわりは、持ち続けていました。

そんな僕がＡＬＳを発症――。なんでもないところで転んでしまうようになりだした頃には、身じたくでも困ることが起きていました。

たとえば、指先の細かい動きが困難になり、洋服のボタンを留めることができなくなりました。

クライアントのところに、大事なプレゼンに行かなければならない日の朝、シャツのボタンがどうしても留められないのです。その頃は会社の同僚と3人でルームシェアしていたのですが、同居人たちはすでに出かけてしまった後で頼める人もいません。仕方がないので、シャツのボタンを留めないまま外に出てタクシーに乗り、運転手さんに事情を説明して、ボタンを留めてもらいました。そんなことが何度もありました。

大好きなジーンズにしても、足が動かしづらくなったり、ジッパーを上げられなくなったりして、はけなくなりました。

そうやって、自分の好きだった洋服がだんだん着られなくなってしまったのです。

ところが着やすいものというと、前開きで、ボタンやジッパーがなくて、素材に伸縮性があってと、ジャージの部屋着みたいなものばかりになってしまいます。仕事に行くのに自分で着られて、人前に出てもきちんと見えるような洋服というのは、けっこうないものなんですよ。

車いすのときにも感じたことですが、「障害者用のものって本当にユーザー視点でのイノベーション未開発領域なんだな」と実感しました。

そこで僕は、「ないんだったら、自分たちで0から作ろう」と考えたのです。

BORDERLESS WEAR「01」立ち上げ

「何を着るか」は、その人の生き方を左右するほど重要だと僕は考えています。

障害者と健常者という垣根を取り払いたいという気持ちから、障害者用の衣服という観念にとらわれないものを作り出したいと強く意識するようになりました。そのため、ハンディキャップを背負った方にも、背負っていない方にも、男性にも、女性にも、すべての人に快適でカッコいいと喜んで着ていただける衣服を目指して、「01（ゼロワン）」というファッションブランドを立ち上げました。デザイン性と機能性を追求したボーダーレスウェアです。

何もないところから、行動を起こすことで小さな何かを生み出していくことができる、つまり「0から1を生み出す」ことで世界を変えていく一歩が踏み出せる、そんな思いから「01」というブランドの名前を決めました。

まず、スウェット素材のノーカラージャケット・パンツのセットアップを作りました。


スウェット素材のノーカラージャケット・パンツのセットアップ。

スウェット素材を選んだのは、伸縮性があり、柔らかな触感だからです。ひと口にスウェット素材といっても、生地の質はさまざまです。選択を間違えると、だらしなく見えてしまったり、寝間着のように見えてしまったりします。

どんなシチュエーションで着てもカッコよく、きちんとした印象に見えるよう、目の細かい上質なスウェット素材を探しました。

ボタンが留められなくなった僕自身の経験をもとに、上着の合わせはボタンでなくマグネットを採用しています。

右腕にはICカードを入れられるポケットを付け、いちいちカードを出さなくても改札や自販機を利用しやすいように配慮しました。

病気や障害があっても、仕事もしていれば、大

事な席に出席しなければならないこともあります。僕はこのセットアップを着て結婚式なんかも出ていますが、フォーマルな場でもまったく違和感はなく、とても重宝しています。

学生時代にやっていたことが活きた

「洋服ブランドって、そんなに簡単に立ち上げられるもの？　何か仕掛けがあるんじゃないの？」と思われる方もいるかもしれませんね。

仕掛けがあるといえばあります。これが可能になったのは、学生時代に僕が「将来はアパレル関係の仕事に携わりたい」と考えていたときに、いろいろなところで学んだことが活きたからです。

いくら洋服が好きだからといって、それを職業にしてもうまくやっていけるかどうかはわかりませんよね。僕もそれはわかっていたので、大学に入ってから、実際に服飾関係で働く経験をしてみることにしました。

まず、大学1年のときにやったのが、セレクトショップのユナイテッドアローズでのアルバイトです。販売の経験をしましたが、面白かったですね。

当時は、洋服もネットで購入する人たちが増えていたタイミングでした。そのため大学2年のときからは、ファッションのショッピングサイトを運営するITベンチャー企業でインターンを経験してみたいと考えました。日本にいながら世界中の商品を購入できるソーシャルショッピングサイト「BUYMA（バイマ）」を運営する会社エニグモです。

インターンの期間が終わるときに、

「これからメンズ部門を立ち上げるから、アルバイトとしてやらないか」

と誘っていただき、メンズ部門立ち上げに携わらせてもらうことができました。

その頃は、本当にアパレル業界に進む気満々だったのです。

学生時代に培ったそういったアパレルに関する知識が、いろいろな面で役立ちました。

僕にとって「ないんだったら、自分たちで0から作ろう」という発想は、唐突なものではありませんでした。

「今度、ボーダーレスウェアのブランドを立ち上げようと思うんだ」

「０１」のコンセプトを固めてそれを学生時代の友だちに話したときに、みんなは、

「そうか。おまえ昔から自分の店持ちたいとか、自分のブランド作りたいとか言ってたもんな」

　という反応でした。

「マサ、またひとつ夢をかなえたね」

　と言ってくれたヤツもいました。

　この病気になったこと自体は、今もとても悔しいです。納得なんかできていません。

　しかし、この病気になったから、僕という人間が世に送り出すにふさわしい洋服のコンセプトがはっきりと定まったこともまた事実なのです。

　それは、「ＥＹＥ ＶＤＪ」にしても、車いすの「カーシェアサービス」にしても、同じことです。

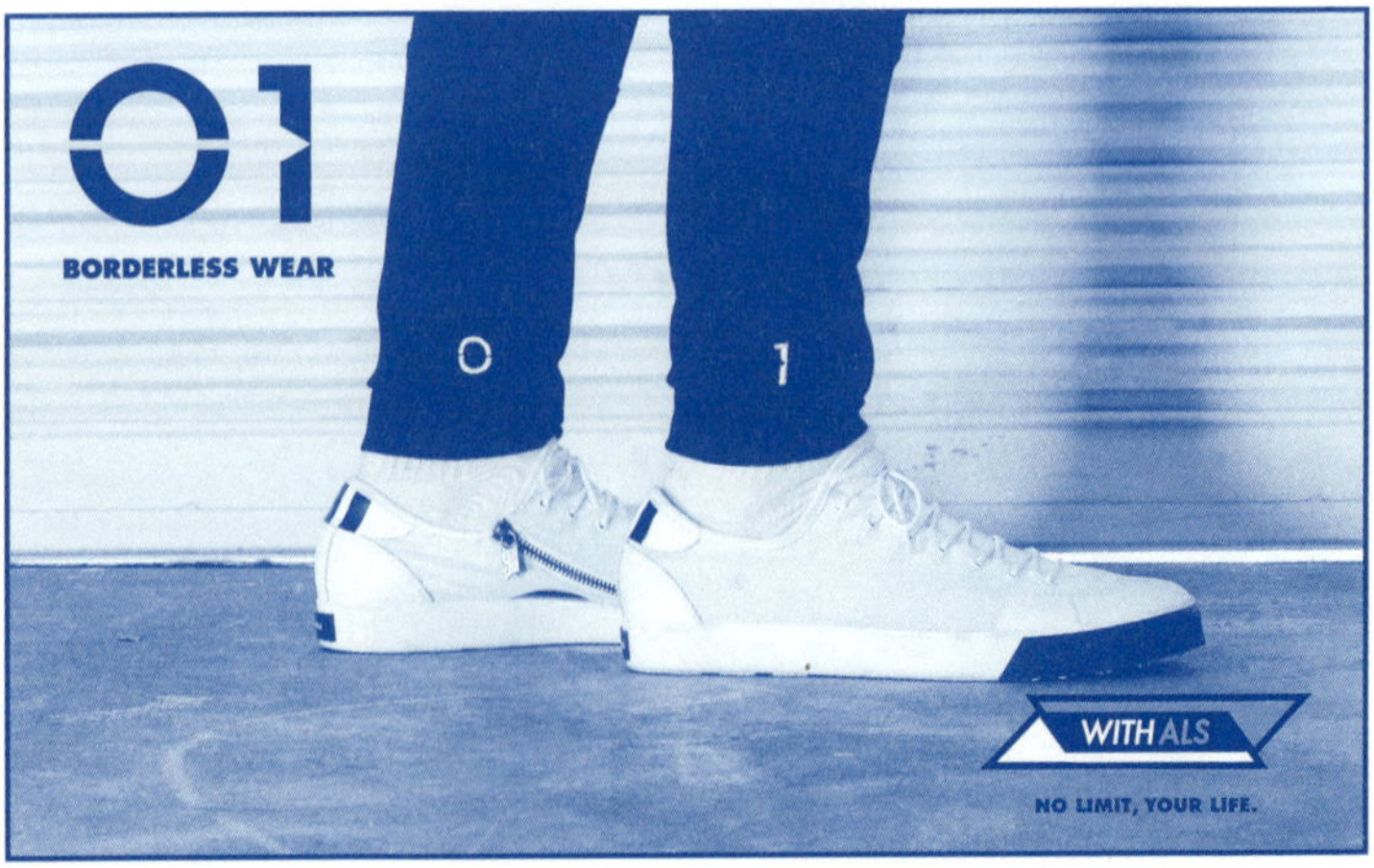

ＡＬＳになり、「自分の持ち時間は有限なんだ」ということを強く感じるようになりました。それによって、自分が本当にやりたいこと、やるべきことは何なのかが、どんどん絞り込まれて見えてきた、僕は今、そんな実感をもっています。

「好き」を突き詰めていくところに無駄なことはない

1章で「Think different.」というCM映像の話をしましたが、僕にあれを教えてくれたのは、大学時代にインターン、アルバイトをしていたエニグモの人でした。

洋服の販路としてウェブの世界を知りたいと思って入った僕ですが、ＩＴベンチャーの熱気ある雰囲気に触れているうちに、ＩＴの世界への興味や、人と人をつなぐコミュニケーション手段としての広告の世界への興味が深まっていきました。

洋服は好きだけれど、もっと幅広く、不特定多数の人たちとコミュニケーションをとり、つながっていけることのほうがより面白そうだ、と感じるようになったのです。

BORDERLESS WEAR「01」ブランドイメージ。

それに気づけたのも、実際にアパレル関連の経験を積んだからこそです。

好きなことに関しては「もっといろいろ知りたい」と積極的に動くことができます。だから、自分の好きなことをとことん突き詰めていくことって、すごく大事なことだと思います。そうやって夢中になって取り組んだこと、そこで得たものは、絶対に無駄になりません。自分の経験からもそう言いきれます。

ショップで実際にお客さんと向き合い、販売をしてみたからこそ、「最近増えてきたネットショッピングの動向はどうなんだろう」という視点をもつことができた。そこから、ITが築くコミュニケーションのあり方に関心をもつようになった。いくつもの刺激的な出会いをすることで、僕自身、生きる姿勢がどんどん変わっていったのです。

高校生の頃に思い描いていた未来とは違う方向に舵《かじ》を切ったけれど、そしてALSという病気によって人生の大転換を余儀なくされたけれど、僕にとって好きで夢中になったことは、何ひとつ無駄になってはいません。

だから伝えたいんです。何かをやる前に「できっこない」「こんなの無理に決まってる」なんてあきらめてはダメだ、って。

好きという自分の気持ちを大切にして、どっぷりとそこに浸《つ》かってみるんです。そうやって夢中になってやったことは、絶対に自分の人生を豊かなものにしてくれます。あの時の一歩が、今こうして確かにつながっていると心から思えるのです。

ALSと共に1――診断、宣告、そして今

2018年4月――朝の日課

朝、目が覚めていちばん最初にすること。
昨夜まで動いていた部位が、まだ動くかを確認する。
まぶたを開けたり閉じたりできるか。
眼を動かして、四方八方を眺めまわせるか。
指先は、スマホをいじれる程度に動くか。
首は、テーブルの上のストローを差した飲み物に届く程度に動くか。
そして、声は出るか。
「まだ動く、大丈夫だ」――その確認ができると、少しホッとする。
今日を生き抜く勇気が出る。
その次に、すでに動かなくなってしまった筋肉が意外にもまた動いたりはしないかと、ダメもとで動かしてみようとする。

手に、脚に意識を集中させる。

身体を起き上がらせようとしてみる。

「……今日もこれはダメか」

この試みがうれしい結果をもたらしたことはまだない。


妻か、毎朝代わるがわる来てくれるヘルパーさんかが抱え起こしてくれるまで、僕はじっとベッドに横たわったままだ。

起こしてもらったら、身支度開始。

まずは、夜寝るときに装着している「BiPAP（バイパップ）」という酸素吸入器を外す。自力で呼吸する力が弱まっているので、酸素吸入の補助器具を使うことで呼吸のサポートをしている。これを付ける時間も、日に日に、少しずつ延びている。酸素吸入器で補助しても自力呼吸が苦しくなるようだと、いよいよ気管切開して人工呼吸器を装着、ということになる。その日は刻々と近づいている。

顔を拭いてもらい、歯を磨いてもらい、ヒゲをそってもらい、ヘアスタイルを整えてもらい、トイレに行かせてもらい、着替えさせてもらい、飲み物を飲ませてもらい……何から何までやってもらわなければならない。

自分自身、こういう状況に慣れるまで、どれくらい時間がかかっただろう。

最初の頃は、いちばん心を許せていちばん愛しい人、すなわち妻にしかこんな姿は見せられないと思っていた。でも、「妻にしか任せられない」と僕が望むことは、妻だけに介護を依存することになり、妻をものすごく疲弊させてしまうことになる。

それは僕のわがままだ、と気づいた。

今は、朝の身の回りの世話に関しては、全面的にヘルパーさんにお願いしている。

ALSという難病と共に生きるには、プライバシーの尊重などと言っていられない。

すべてを他人にさらして生きていかなければならない。

障害程度区分6、もっとも支援を必要とする重度障害者

外で見せているいつもの「武藤将胤」の姿が整ったら、午前中にまず行くのは病院だ。だいたい月の半分以上は病院に通っている。

ALSを治せる薬はまだない。だが、進行を抑制する作用があるといわれている薬がある。ラジカット（一般名・エダラボン）という薬で、その点滴をするために月に10日は病院に行く。10日間連続で点滴を受け続け2週間空ける、これを繰り返している。

これを投与していても、「身体の動きがいい」といった実感が劇的にあるわけではないが、ALSの進行スピードが比較的に遅いのは効き目のひとつなのかもしれない。

週に2回、リハビリテーションも行う。

リハビリは、専門領域によって理学療法士、作業療法士、言語療法士と担当が分かれている。それぞれ30分程度、筋力や関節の動き、呼吸機能などの低下を予防し、今ある機能をできるだけ維持するためのリハビリを行う。

手足の筋肉がずっと動かないままになっていると固まってしまうので、身体をほぐすようなストレッチをし、身体の可動域をなるべく狭めないようにする。ただ、ALSの場合、無理なトレーニングのようなことをやると、筋肉に負担がかかることは良くないと言われているので、過度の負荷をかけることはしない。

また、週に1度は訪問のリハビリ療法士の方に自宅に来てもらっている。


それを終えたら、仕事に行く。

自宅と仕事場は近いので、愛用の電動車いす「WHILL(ウィル)」で移動する。

少し前まではひとりで動いていたが、障害程度区分6と介護の必要度が高くなったため、重度訪問介護の支援が受けられるようになり、今はヘルパーの方に付き添ってもらって、日常的な介助サポートをしてもらうことができるようになった。もっともそれには、時間制限がある。

僕は、たいてい夜遅くまで仕事をしている。だから、ヘルパーの方が帰った後は、仕事仲間が僕の世話もしてくれることになる。

僕がとっとと引き上げたほうが、仲間も楽かもしれないと、いつも考えてしまう。しかし、今のうちに進めておきたい、声が出るうちにできるだけ話しておきたい、と思うことがいろいろあるものだから、つい連日遅くまでやってしまう。

重度障害者の身だというのに、相変わらずワーカホリックぎみだ。仕事をすること、自分にやるべきことがあることが、僕の生きがいにもなっている。

2013年秋――身体の異変

ALSの症状の出方は、大きく分けて4つに分類されるといわれている。

・上肢、手の動きから支障が出る
・下肢、脚の動きから支障が出る
・ものの飲み込みや発語から支障が出る
・手足の筋力よりも先に呼吸困難が起きる

僕の場合、初期症状は上肢から、まずは左手のしびれから始まった。異変に気づいた最初は、2013年9月頃。

僕は左利きだ。しびれが続くうちに、字が書きづらくなる、箸を使う細かい動きがしにくくなる、グラスを持つと手が震える、といった症状が出てきた。

当時は、広告マン生活4年目、博報堂で外資系クライアントを担当し、さまざまな広告コミュニケーション設計の仕事をしていた。忙しくてハードだったが、仕事はやりがいがありとても面白く、毎日が充実していた。

27歳、エネルギーがあふれていたから、深夜まで仕事をして、それからクラブに行って4時頃まで遊び、家に帰ってちょっと仮眠して朝7時からテレビ局での仕事、というような日常だった。

手のしびれも、当初は、「寝不足で疲れているせいかな」とか「ちょっと飲みすぎかも、気をつけよう」と思う程度だった。だが、日を追うごとに少しずつ症状が重くなっていく。「これはちょっとまずい」と感じつつも、日々の忙しさにかまけている間に年を越していた。

病院で診てもらうことにしたのは、おかしいと感じはじめてから3カ月以上経った2

014年1月のことだ。

3週間の検査入院

何科を受診したらいいのかわからず、まず整形外科に行った。

そこから神経内科にまわされた。

その病院ではよくわからないということで、大学病院に行くことを勧められる。それが3月のことだった。

大学病院の初診の際、医師が唐突に言った。

「検査のため、3週間ほど入院しましょう」

意味がわからなかった。

検査になぜ入院が必要なのか？　しかも3週間って何なんだ？

「3週間の入院？　冗談じゃない、そんなヒマ人じゃないんだよ」という心境だった。

自分が何の病気なのかは確かに気がかりではある。だが、3週間も戦線を離脱しなければならないなんて、まともに働いているビジネスマンだったらまず考えられない話だろう。

そのとき力を注いでいたプロジェクトのことを考えた。あれを今ここで放り出すなんて論外だ。

「入院なんて無理です。仕事の現場を離れられません」

僕は憮然《ぶぜん》としながら言った。

しかし、医師はもっと憮然としながら言うのだった。

「いや、少しでも早いほうがいいと思うんですがね……」

その眼は「あなたの身体の問題ですからね」と語っていた。

僕の身体を心配する両親からも説得され、結局、医師の言う通りに検査入院することになった。

大事な仕事のなりゆきを見届けることができなくなった僕は、悔しくてたまらなかった。その晩は、激しく泣きじゃくった。あんなに泣いたのはいつ以来だろう。

病名が判明しない苛立《いらだ》ち

そんな思いで入院し、3週間以上にわたって次から次へと検査を受けたにもかかわらず、病名ははっきりわからなかった。

今思えば、その「はっきりわからない」ことが、ALSである可能性の高さを示していたのだが、当時はそういうことだとは気づいていなかった。

ALSという病気はまだ原因がわかっていないため、ALSだと特定するための検査というものがないらしい。いろいろな検査をして、考えられうる神経系統の病気について一つひとつ「この病気ではない」「この病気でもない」と、消去法で潰していくという手法が行われているようなのだ。そのため、いろいろな検査をするが、診断はなかなかつかない。

確かにその頃から、

「ALSの疑いもあります」

と言われてはいた。

言われてはいたけれど、医師の言葉のニュアンスがいつも曖昧だったので、たぶん自分はそうではないのだろう、と思っていた。

では何なのか。

病院での診断がつかないまま、不安が増していく。

ネットで検索してみると、ALSの症状に当てはまる部分が多い。

それまで、ALSのことはなんとなく知っている程度で、詳しいことはよくわかっていなかった。だがALSに関する情報を知れば知るほど、暗い内容にぶち当たる。胸苦しくなるような不安が拡がっていく。

経過観察のため、検査入院した大学病院に月に1回通院していたが、はっきりと診断がくだされない状態が続いていた。そうするうちにも、症状はだんだん重くなっていく気がする。不安と焦燥は増すばかりだった。

後から知ったことだが、いまだ治療法のないALSであることを患者に告げることは、暗い将来を「宣告」することになるため、確実にそうだと言いきれるまでは明言を避けようとする医師が多いのだそうだ。

そのときの僕の担当医もそうだった。

今日こそははっきりしたことを聞きたいと思って、担当医に詰め寄った。

「僕はALSという病気なのではないですか？　先生、はっきり言っていただけませんか？」

医師は静かに言った。

「ALSである可能性は拭えません。けれども、そうだと言うことは人生を大きく左右することになりますから、『疑わしい』というだけで特定することはできません」

その日も空振りに終わった。

慎重を期す先生なのだという見方もできるかもしれない。だが、問題は、病名が特定されないと、治療も始められないことにあった。

ALSは、まだ確実に有効といわれる治療法はないが、病気の進行を多少なりとも遅らせることができるといわれている薬がある。ALSであると診断されないことには、そういった治療を受けることもできないのだ。

ただ経過観察をするのではなく、ほかに医療的にできることはないのか。何か手立てがあるのであれば、それを1日でも早く講じてほしい。

最初は検査のためにすぐに入院をしろと言ったのに、なぜ診断をくだすのにこれほど時間をかけるのか。

僕は、前向きな対応策を探していた。早く何か対策を打ちたかった。

折も折、「アイスバケツ・チャレンジ」が世の中を賑わせ、ALSという言葉が頻繁に飛び交っていた。まだ治療法が見つかっていない難病。そのためのチャリティ。

僕自身、まさにその病気かもしれないのだ。じっとしていられない気分だった。

家族と相談し、「セカンドオピニオンを得よう」ということになった。

そして、かかっていた病院から種々の検査データを提供していただき、東北大学病院神経内科の青木正志教授を訪ねることになる。

それが2014年10月27日のことだった。

「ALSと診断します」

その日、仙台の東北大学病院には、父が同行してくれた。

僕が小学校に入る前に、母が再婚した相手が今の父。父と僕は血がつながっていない。しかし、すごくかわいがってもらったし、とても厳しくもされてきた。中学、高校の頃、大事な保護者面談のときは、猛烈に忙しいはずの父が必ず都合をつけて来てくれた。

このときも、母が同行すると言ったのを、父が「いや、俺が一緒に行く」と言って付き添ってくれた。ＡＬＳと言われたときの、母のショックの大きさを思いやったのかもしれない。

先生は、すでにお届けしてあった検査データを入念に見てくださっていた。

これまでの経緯や症状の一連を伝えると、その日その場で、

「諸々《もろもろ》の状況から考えて、これはたぶんＡＬＳですね」

と言われた。

「もちろん、ＡＬＳではないという可能性も捨てきれないですが、そうでなかったら、それはそれで『違っていましたね』と私が詫《わ》びればいいことです。お話を聞いていると、たぶんＡＬＳです。ＡＬＳであるならば、今すぐ始めたほうがいいことがあります。それを始めるためにも、僕はＡＬＳと診断します」

頭の中が真っ白になった。

自分がＡＬＳである可能性が高いことは、わかっているつもりだった。それを特定してもらいたいと思って仙台まで出かけたはずだった。

しかし、実際に面と向かって病名を告げられたときの衝撃は、思っていた以上のものだった。

先生は、丁寧に細かな説明をいろいろしてくださった。だが、ちっとも頭に入ってこない。

それでも診察室にいる間は、なんとか感情を保てていた。

診察室を出て、父が会計処理に行ってくれている間、待合室でひとりになった瞬間、堰《せき》を切ったように嗚咽《おえつ》がこぼれてきた。
いつの間に戻ってきたのか、父が何も言わずに背中に手を当て、さすってくれていた。
お互いに言葉が見つからない状況の中で、父の手の感触だけが温かく伝わってきた。

帰路

帰りの新幹線に乗った頃、ようやく頭が何かを考えられるようになった。
しかし、同じことが頭の中をぐるぐると駆け巡っている。
僕は死ぬのか。
もう、何もかもあきらめなくてはいけないのか。人生ここで終了?
なぜ僕なのか。
なぜ今、なぜこの年齢で?
今の生活はどうなっていくのか、将来は、夢は、人生は……、とめどなく思いが拡がっていく。

そうかと思うと、やけに落ち着いて受けとめているところもあった。あの親父が、言葉をかけてこない。普段の父は結果第一主義の人だから、いつものペースならば、「この結果を受けとめてどうすべきだ」とアドバイスを投げかけてくれる。だが、じっと黙っている。だから、父にしてもかなりショックだったんだろうな。そう考えると、やはり今日は母と来なくて正解だった。自分のことで、泣かせたくなかったからな。

ここで自分がふさぎ込んでいたら、家族はどうしたらいいかわからないだろうから、明るく毅然《きぜん》としていなきゃいけないいな。不思議と、そんなことを考える冷静さもあった。ああ、彼女になんて伝えよう。

その頃、やがて妻となってくれる木綿子《ゆうこ》と付き合っていた。内心プロポーズを考えていた時だった。

とても心配してくれていた。どう伝えたら、彼女のショックを和らげることができるんだろう。

僕は、ひたすらいろいろなことを考え続けた。

病名を宣告されたことは、ものすごい衝撃だった。

どん底に突き落とされたような感覚だった。

だが、帰りの新幹線に乗った約2時間が僕にとってはとても大切な時間になった。

自分の置かれた状況がはっきりわかったことで、何と闘えばいいのかが見えた。病名がはっきりするまでの1年以上、もやもやとした暗がりの中で、自分が何と向き合い、何をどう考えたらいいのかが見えずに、身動きがとれない状態が続いていた。それはとても苦しかった。

宣告されたことで、自分がどこに向かっていったらいいのか、一筋の道が見えてきたような気になっていた。

それは学生時代からのビジョンに原点回帰することで確信に変わった。

「社会を明るくするアイディアを形に」

その意志を強くもって、学生時代からがむしゃらに行動し続けてきた。

だったら、今僕が進むべき道。

それは、「ALSをはじめ、さまざまなハンディキャップを背負った仲間の未来、社会を明るくするアイディアを形に」

それが必死に出した答えだった。

きっとあの宣告は、僕にとって前に向かうためのエンジンになったのだと思う。

もうすぐ東京駅に着くというとき、僕は隣の座席に座っている父に言った。

「これから、この病気、ALSの啓発活動をやろうと思う。それが僕という人間の生きている意味になるような気がする」

具体的に何かを考えていたわけではない。ただ、最初に父に宣言したかった。

「そうか。応援する」

父は、短くそう答えてくれた。

あの日は僕の、二度目の誕生日のようなものだ。

「WITH ALS」のウェブのトップページには、日にちと時間のカウントがある。僕がALSを宣告されたその日から今日までの日数と時間を示している。

あの日以来、僕はその日数、その時間を、ALSと共に生きている。その日数、その時間を確かに歩んでいる。

Quality of Life
を支える
①

妻・武《む》藤《とう》木《ゆ》綿《う》子《こ》

結婚して丸3年、
山あり谷ありの
毎日だけれど、
いつか必ず治る
という希望のもとに、
私たちらしい幸せを
見つけていきたい。

夢を語る人

出会ったのは、２０１３年夏。恵比寿のバーでした。知人がバーテンをしていたので、ときどきひとりで行っていたお店です。友だちと一緒に来ていた彼から声をかけられました。

第一印象は、「話しやすくて感じのいい人だな」という感じ。博報堂に勤めていると聞いて、広告関係の人のイメージから「遊び慣れている人なのかな?」と一瞬思ったのですが、話してみると全然そういうタイプではありませんでした。

真摯な人柄でごまかしがなく、初対面の私に「僕にはこういう夢がある、こういうことをやりたいんだ」と熱く語るような人。私もやりたいことに挑戦中で、夢に向かっていく姿勢に好感がもてました。私のほうが３つ年上だとわかったのですが、しっかりしていて芯のある人だと思いました。

連絡先を交換することになったとき、ケータイをいじる彼の手がかすかに震えていました。

「手、震えてる。緊張してるの?」と冗談っぽく言ったら、「いや、じつは、ちょっと前からこんな感じなんだ。寝不足かな?」と答えました。今考えると、病気の初期症状が出はじめた頃だったのです。

それからアプローチを受けて、お付き合いを始めました。

ネガティブさを微塵《みじん》も見せず

いろいろ病院に行っても病名の診断がつかないという経緯を私はずっと見ていましたが、彼はそれに対する不安や苛立ちを、私には全然見せませんでした。

ＡＬＳと診断されたときも、仙台から帰ってきてすぐ電話をもらったのですが、落ち着いたいつもの感じで、「やっぱりＡＬＳだったよ」と言っただけ。

宣告されてショックで号泣したとか、絶望的な気持ちになったとか、そういう苦しい胸のうちを、私には一切言いませんでした。

結婚したのちのことですが、ＡＬＳの啓発活動をしていく中で彼自身いろいろ取材を受けるようになりました。そのインタビュー記事を読んで、私は初めて、彼の心にすごい葛藤があったことを知ったのです。

私を「心配させたくない」「暗い気持ちにさせたくない」と思っていたのでしょうね、いつも明るく穏やかで、ポジティブでした。

自分が結婚を申し込んでいいものかと悩んだというのも、後になってインタビュー記事で知りました。

忙しい日々

結婚したのは２０１５年５月なので、丸３年になります。

結婚当初はまだ歩いていましたし、食事

もフォークやスプーンを使えば自分で食べることができました。着替えは手伝わないと厳しかったり、新婚旅行先で転んで前歯を折ったりということはありましたが、まあ一般的なカップルとあまり変わらない生活だったと思います。

ただ、仕事がめちゃくちゃ忙しくて、大変そうでした。性格的に「ほどほどに」ということができる人ではありません。むしろ病気を理由にしたくなかったんでしょう、時間を惜しむかのようにハードに仕事をしていました。

病気の進行はゆっくりなほうですが、それでも少しずつ進んでいきました。介助が必要なことが増えていきます。

彼は2017年3月に博報堂を卒業することを決意しました。会社を辞めたら少しはのんびりできるのかと私は思っていたのですが、博報堂時代から始めていた一般社団法人「WITH ALS」の代表となり、相変わらず忙しく働き続けることになったのです。

毎日、体力のギリギリまで仕事をして、ヘトヘトな状態で夜遅くに帰ってきます。それからご飯を食べ、お風呂に入るのですが、もう疲れきっていていろいろ会話するような元気もありません。

朝は朝で、私も仕事をしているので、彼の身の回りの世話をし、自分の身支度を整えて出かけるまで、毎日ドタバタ。彼の妹さんに手伝ってもらっていたこともありますが、彼女が就職してからは、私が全部ひとりでやるようになりました。

他人にやってもらうのはイヤだというので、人任せにできず、すべて私がやらなければいけなくなっていったのです。

疲れて、心の余裕がなくなってしまった

正直、あの頃は毎日疲れて、心の余裕もなくなってしまっていましたね。

朝、時間に追われる中で、焦って無理やり着替えさせようとしちゃったり、イライラしていると、優しくできなかったり。今思うと、本当に申し訳なかったと思います。

彼はけっこう細かいところも気にする人なので「こうしてほしい」という欲求がいろいろあります。たとえば、彼が望むような髪型にセットできないと、彼自身もイライラしちゃう。

「適当すぎる」とかと言われると、「こっちだって一生懸命やってるのに」という気持ちで私も言い返してケンカになったり。

激しく言い合いをして、私が家を飛び出したりしたこともありました。しばらくして気持ちが落ち着いたらそっと帰るんですが、「もう、このままやっていくのは無理」と考えたりもしました。

あの時期は本当につらかったですね。

いつしか私はつねにイライラするようになり、夜、眠れなかったり、胃を壊して病院に通ったりするようになりました。当たるところがないので、物を投げて壊したりすることも。心身ともに参っちゃっていたのだと思います。

　そんな私の姿を見ていて、彼は「このままではお互いにとって良くない」と思ったようで、ヘルパーさんに入ってもらうことを考えるようになりました。

　本当は、他人にやってもらうことには抵抗があったはずです。私が知ったのは、彼がヘルパーさんのことでいろいろ動き出した後でした。

「人にやってもらうようになってもいいの？」と聞くと、「そうすれば木綿《ゆう》ちゃんが楽になるだろ？　だったら、それが一番いい」と言いました。

　私の負担を減らすためなら、と頭を切り替えたみたいです。頭が柔らかいというか、物事に対する適応能力がすごいのです。

　何かあったときに彼がまず考えるのは、自分のことよりも相手のこと。「こうしたら相手がやりやすくなる」「大変じゃなくなる」ということを考えます。一番つらくて大変な思いをしているのは自分自身なのに、どうしてそんなに冷静に相手のことを気遣えるのか、そこは本当にすごいと思う部分です。

ヘルパーさんが入る

　いろいろ書類を書いて役所に提出し、審査のようなものがあったりして、週に4日、ヘルパーさんに来てもらえるようになりました。

　月・火・木・金の4日、訪問介護のヘルパーさんに、朝の身支度などの世話をお願いできるようになり、私はすごく助かりました。

　やってもらえること自体、とてもありがたいのですが、介護のプロの方たちなので、やり方もスムーズですし、どうやるのがいいのかということをよくご存じです。いろいろ教えてもらえるのも助かりました。

　たとえば歯磨きも、私は「きちんと磨いてあげなきゃ」と思うあまり、オエッとなるくらいやっていたのですが、「そんなになるまでやらなくても、口内環境を整えられればいいですよ」と教えてもらって、彼にずいぶん苦しい思いをさせてたんだな、と知りました。

　ほんのちょっとしたことでも、知識があるとやりやすくなります。介助するほうも、されるほうもラクになります。

　その後、さらにいろいろ交渉して、重度訪問介護も受けられるようになり、今は月曜から日曜までヘルパーさんに来てもらえるようになっています。

　現時点ではまだ月２８０時間ぐらいですが、重度訪問介護が受けられるようになったのは、とても大きかったですね。というのは、訪問介護でサポートしてもらえるのは、自宅での生活の中で支障があることだけなのですが、重度のほうになると講演などでどこかに出かけるのもサポートしてもらえるようになったからです。

ヘルパーさんが入ってくださるようになってから、ふたりの関係に平和が戻りました（笑）。

介護って、家族の誰かがやらなきゃいけないものと思いがちですが、ひとりだけで抱え込まないことが本当に大事です。

助けてもらえることで、時間的にも、身体的にも、心理的にも、ほっとできます。心に余裕を取り戻せると、自然と優しくできます。

私自身のつらかった経験からも、それはみなさんにぜひ知っておいてほしいことですね。

「子どもをもつ」という夢

私は結婚したときから、子どもが欲しい、子どもを産み、育てる経験をしたいと思っていました。

でも、介助がどんどん大変になり、結婚生活を続けていけるかどうかの不安さえ感じるようになって、子どもをもつなんてとても無理、私たちにはとても遠い夢なんだと思うようになっていました。

そんなときに『ギフト 僕がきみに残せるもの』という映画を観る機会がありました。

アメリカの元NFL選手で、今はALSの病に侵されているスティーブ・グリーソンさんとそのご家族のドキュメンタリー映画です。

この映画を観て、私は勇気をもらいました。「私たちだって赤ちゃんを授かることができるかもしれない。ヘルパーさんの助け、家族の助けを借りながら、子育てしていくことができるんじゃないかな」という気持ちが湧いてきたのです。

スティーブさんがそうだったように、子どもの成長を見守るというのは、彼にとっても大きな希望になるんじゃないか、そんなふうに思えたのです。

彼と一緒に観たのですが、観終わって彼がぽつりと言ったんです。「いいね、僕もあれやりたいな」「あのソリのところでしょ?」「うん」

映画の中で、ソリに子どもを乗せ、車いすでソリを引いて走りまわるシーンが出てきたのです。彼はそのシーンが気に入ったみたいでした。自分も父親としてできることがあるというのを、具体的にイメージできたのかもしれません。

「子どものことも、考えてもいいかもね」と彼が言いました。

子どもは授かりもの、この夢が叶うかどうかはわかりませんが、いつか私たちも父となり母となることを、夢のひとつとして思い描くようになりました。

仲間がいるって心強い

ALSの患者さんの交流会のような機会があると、私もできるだけ出かけていくようにしています。

身体が動かなくなっても、気管切開して話ができなくなっても、視線を使って楽しそうにコミュニケーションしている方たちがけっこういらっしゃいます。

　そういうところで、私もいろいろなことを聞いています。彼より病状の進行している方たちが活発に行動されている姿を見ると、これからどうしていったらいいのかということにとても希望がもてるし、すごく勉強になります。

　日本ALS協会の会長をなさっている岡部宏生さんという方がいます。とても素敵な方で、彼が胃ろうをつくったとき、ご自宅にご招待していただきました。

「じゃ、胃ろうで乾杯しよう」注射器に日本酒を入れて、それを胃ろうにチューッと入れるのです。

　そうやって、いろいろ私たちの不安を払拭するようなことを企画してくださる方です。とても心が和みました。

　ALSのブロガーとして有名な酒井ひとみさんは、2人お子さんがいらっしゃるママさんです。いろいろALSの啓発活動をされていますが、介助している旦那さんはご趣味がサーフィンなんだそうです。

　私は思わず、「サーフィンに行くような暇があるんですか？」と聞いてしまいました。

　ご本人もご家族も、人生を楽しみながら生きていらして、そういう方たちの姿から教えられることがたくさんあります。

　活動的な方、ご家族も笑顔でいられる方たちは、やっぱりヘルパーさんの確保がきちんとできているのです。「サポートしてくれる人の確保って、やっぱりすごく大事だね」と話しています。

　どういう姿勢で生きているかで、どういう未来になっていくかは大きく変わるんだなあと思います。

　私も、この病気つながりの友人ができました。彼よりちょっと後に発症した男性の方がいて、その奥さんと情報交換したり、ときにはお互いに愚痴を言い合ったり。似た境遇同士だから、気兼ねなく話せます。

　そういう話し相手は大事ですね。

気管切開という決断

　彼は、気管切開をする、呼吸器をつけるというのはもう決めています。最近は、それをいつ頃やるのか、どういう方式を選択するかということをよく話します。

　声帯を取ってしまって声を失う方法か、声を残せる可能性のある方法か、ふたつあります。

　彼にとって、しゃべるというコミュニケーション手段はとても重要なことです。だから、最初は、声を残せる方法がいいと思っていたようです。

　ただ、その方法は、頻繁に痰吸引をするなどのケアが必要だといわれています。それを気にして、「木綿《ゆう》ちゃんやヘルパーさんのことを考えると、声帯を取ったほうが楽だよね」みたいなことを言います。

こんな大事な決断でも、私やまわりの人に気を遣っているのです。

「そういう問題じゃない、ケアする側が大変かどうかなんて考えないでいいの。自分はどうしたいかで考えて」そう言っています。

いつも自分の中で一旦こうと決めると、あまり考えの揺るがない人なんですが、この問題はなかなか決断しきれないようです。

いろいろなALS患者さんにお会いするようになって、私なりに感じるのは、口からものを食べられる方は、周囲の方と楽しそうにイキイキと生活している印象が強いです。それを見ると、「食べる」というのは、人間が生きていくうえですごく大事なことなんだなあという気がします。もちろん胃ろうからでも、取れる栄養は変わらないのですが。

私はそんなふうに感じていると言ったことがあります。「確かにそうだよね、食べている人は、みんな、イキイキしているね」と少し考えているようでした。

どっちが正解という問題ではないのですが、人とコミュニケーションする方法がどんどん限られてきてしまう病気だけに、声を失うかどうかというのは、とても悩ましい問題なのです。

私は、彼が決めたことであれば、どっちでもいいと思っています。大事なことだから、私のことやまわりの人のことを考えるのではなく、自分自身のことだけで考えてほしいのです。

「何かのために働く」ことが生きがい

身体は、けっこうきついはずです。この間も、主治医の先生から、「脈がとても速い。心臓も肺も、つねにマラソンしているような状態にありますよ」と言われたそうです。

妻としては、そんなに無理して頑張り続けなくていいのに、という思いがあります。ALSの啓発のため、ALSの患者さんたちのためという彼の熱意は立派だと思っています。尊敬しています。だけど、そのために自分の身体を犠牲にしてほしくないと思うのです。

「こんなに身体がつらくなってきているのに、どうしてそこまでやるの？　そろそろいいじゃない、もっと自分自身のことを考えてよ」と言って、ケンカになってしまったこともあります。

彼は、ビジョンをもって、そのビジョンに向かって突き進むことが生きるエネルギーになっている人です。人のためになるとか、社会を変えていくことになるとか、そういう目標を達成するために働き続けることが「生きている」という実感になる人、そこに彼のモチベーションがあります。

最初に会ったときに、私に夢を語った姿が、やっぱり彼の本質なのです。私も、そのことがわかっていながら、人のことばかりでなく、もう少し自分自身のことも考えてほしいと思って、いろいろ言ってしまいます。

一方で、矛盾しているのですが、彼の生き方をカッコいいと思っている自分、応援したくなる自分もいます。

たぶん、妻として彼の無茶を牽制《けんせい》したくなる部分と、人間として応援したい部分との狭間《はざま》で、これからも迷い続けると思います。

私たちらしく、
楽しみながら暮らしていきたい

外では微塵も感じさせませんが、決していつも前向きで、いつも強い人なわけではありません。

夜、急にワッと泣き出すこともありますし、ふと気づくと涙しているようなこともあります。

そんなときは、ただ寄り添い彼を抱きしめることしかできないんですが、そのうちに私も泣けてきてしまう。すると、今度は彼が私を励ましてくれます。互いに支えたり、支えられたりしているのだなと感じます。

心の中にいろいろな思いや葛藤が渦巻いていますが、それを受けとめ、乗り越えて、翌日はまたいつもの武藤将胤の顔を見せる。

彼自身は、自分の裏側の弱い部分はさらしたくないと思っているようですが、私はそういう面も素直にどんどん出してしまえばいいのに、って思っています。

彼は、現実を受けとめて、それに対応する力が誰よりもあると思うから。そういうのを見せることができるのが彼の大きな魅力だと思っているのですけどね。

私にとって、特別な病気の人だという感覚はないです。生活していくのにサポートが必要なだけで、ほかは普通の夫婦と変わらないと思います。

いろいろありますが、やっぱり大事にしてもらっていると思います。彼の愛を感じます。

これからどうなっていくのかはわかりません。気管切開をしたら、人工呼吸の機械が入るので、寝室も別になるだろうとか、夜間もヘルパーさんが入るようになったら、どんな生活になっていくだろうかとか、ほんとにわかりません。

それでもたぶんふたりでいたら、なんだかんだ、楽しみながらできると思います。テクノロジーが大好きな人なので、いろんなテクノロジーを使いながら（笑）。

話せなくなっても、たぶん視線入力と音声合成なんかを使って、ときどきケンカしたり笑い話なんかをするのだと思います。

Chapter 4

人生に限界なんてない！人とつながり続けるために僕がやっていること

IMAGINATION

想像力で常識に挑戦する

広告の仕事をしてきたので、比較的、想像力があるほうだと思っていた。しかしALSになって初めて、ハンディキャップを背負った人の気持ちや状況を想像したつもりで想像できてなかったと痛感した。今は痛いほどに想像ができる。これが自分にとってのよかったこと。だからこそハンディキャップを背負った視点で、新たなものを生み出していくことに挑戦していきたいのだ。

EON
POWER15 G2
S/N 83896
No.19
EON
POWER15 G2
S/N 83896
No.19
NO LIMIT, YOUR LIFE.

そういう意味では、僕は健常者であったときよりも今のほうが、発想が豊かで柔軟になっている、といえます。

制約が、今の僕を羽ばたかせてくれているのだと思います。決して負け惜しみなんかじゃなくて——。

Chapter 2

自由にどこにでも行くことを決してあきらめない

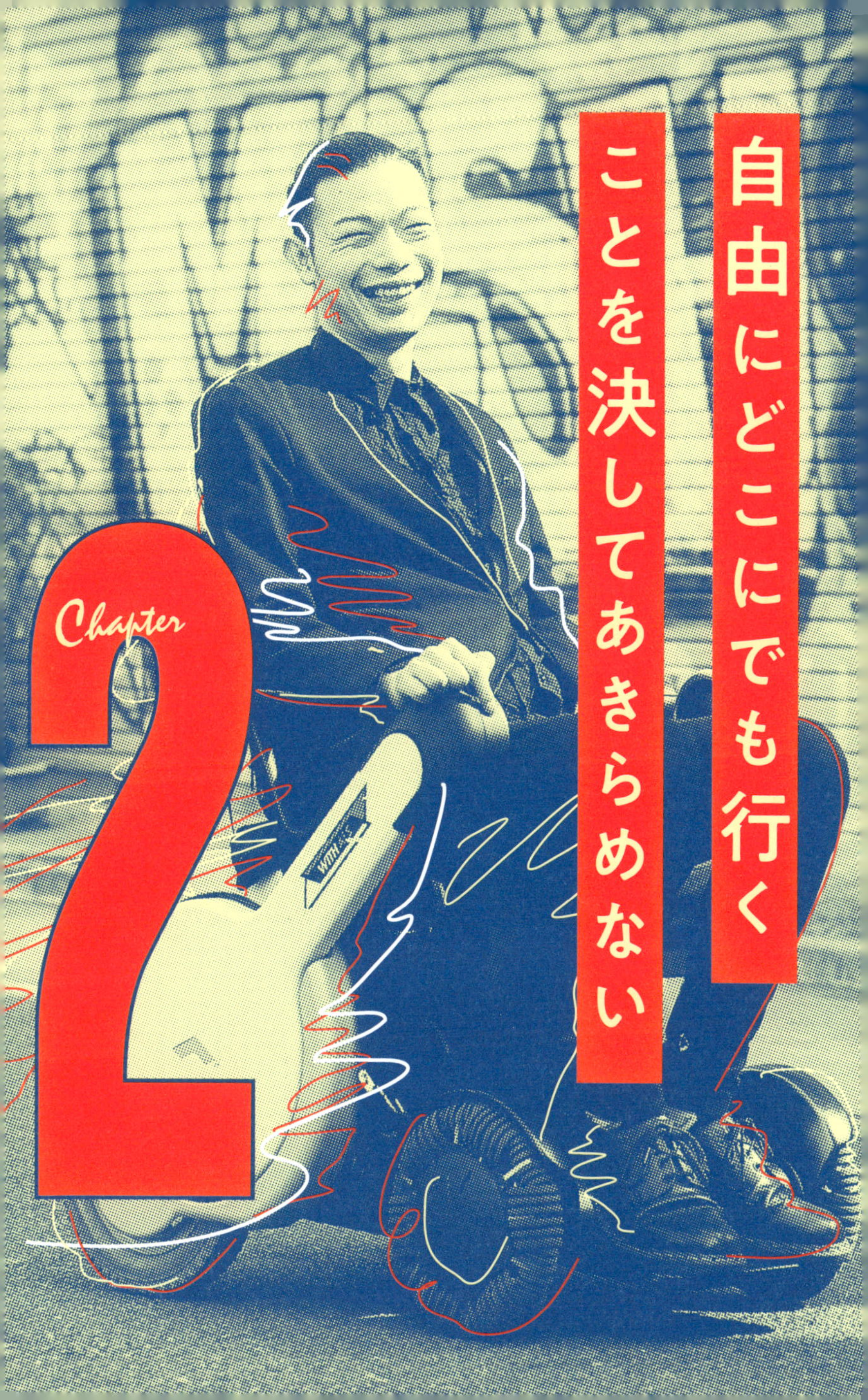

TECHNOLOGY

テクノロジーを駆使して未来を変える

20年後のテクノロジーの目覚ましい進化は間違いない。テクノロジーが生活に入り込み数々の課題を解決していく。それが生きる希望になるに違いない。僕は介護事業を支援している。だが、実感として人間だけで解決できるレベルではなくなってきている。人間ができることと、テクノロジーの力を有効活用しないと立ちゆかないのではないか。介護の現場で人材を潤沢に確保するというのはものすごく難しいこと。だから、僕たちはテクノロジーをいかに今後の介護や福祉に役立てられるかということを常に意識している。

ワクワクして乗りたくなった、新しい乗り物「WHILL」との出合い

「これ、めちゃめちゃカッコいい！」

次世代型電動車いす「WHILL（ウィル）」を知ったとき、僕は心がときめきました。

とにかくデザインがスタイリッシュ。車いすというよりは、ユニバーサルデザインの新しい乗り物という感じです。僕はひと目で気に入りました。

実際に乗ってみると、じつに快適。操作は手元のコントローラーだけで、誰にでも簡単に動かせます。手の動きがどんどん鈍っている僕

でも、問題なく走行させられます。

非常に小回りが利き、狭い場所での回転も自在にできます。

その機能性は、4輪駆動の独特なタイヤにポイントがありました。24個の小さなタイヤで構成されている前輪が、優れた機能性と安定走行を実現させていて、普通の車いすでは対応できないような段差も、難なく乗り越えることができます。一般的な車いすだと4・5センチくらいの段差が精いっぱいなのに対し、WHILLは7・5センチ程度の段差もクリアできてしまうのです。それもガタつくことなく、じつに滑らかに。

坂道にも、横の傾斜にも強い。細い路地だとか、砂利道、でこぼこ道、芝生なども気持ちよく走れます。

僕はその製品コンセプトにも共感しました。WHILLは、どんな世代のどんな人でもカッコよく乗ることのできるパーソナルモビリティ。障害者だから、健常者だからと線引きして分けてとらえるのではな

くて、どんな人が使ってもいいもの。誰が見ても「カッコいい」と思えるもの。

WHILLは、まさに僕が思い描いている「ボーダーレス」を体現した乗り物でした。

車いすだってカッコよさが欲しい

じつは、WHILLに出合うまで、僕の中にはいろいろな葛藤がありました。

徐々に身体の自由が利かなくなっていき、歩きにくさを感じるようになっても、日常を車いすで生活することをすんなり受け入れられなかったのです。

理由のひとつは、「自分はまだまだ歩ける」「車いすなんかまだ要らない」と思いたい気持ちがあったこと。同時に、「車いすに乗っている姿を人に見られたくない」という気持ちもありました。

しかし、ちょっとしたことで転びやすくなったりしていることも事実でした。何でもないところでも、足がもつれて転んでしまう。「あっ！」と思っても、手も動かなくなっているので、とっさに手をつくことができません。そのまま倒れて、ガーンと顔面を強打する。階段から落ちてしまったこともありました。

幸い、骨折などの大ケガにはなりませんでしたが、顔に擦り傷を作ったり、打ち身でどこかを傷めたり、前歯を欠けさせてしまったりすることがたび重なるようになると、車いすの導入を考えざるを得なくなっていきました。

いざ車いすをリサーチしはじめてみて、最初はショックを受けました。自分が乗りたいと思えるような車いすが一台も無かったのです。正直、「この車いすで街中を走り、電車に乗り、仕事に行ったり、クラブに行ったりできるか！」と思うようなものばかり。

車いすを使うのは高齢者の方が多いということもあるのかもしれませんが、病気や障害があり車いすが必要な人は、僕のような世代の人だって、子どもだってたくさんいるはずです。「これって、まずいことだな」と感じました。

ほかに選択肢がないから仕方なく、消極的に乗るのではなく、デザイン的にカッコよくて、自分から進んで乗りたくなるような車いすがあれば、病気や障害のある人でも、外に出たくなります。行動範囲が拡がります。

考えてみてください。自転車を買うときに、「動けばいいじゃないか」と思って選びますか？　自分の気に入ったデザインのものを選びたいと思いますよね。気に入ったものだからこそ、気持ちもはずんでさっそうとあちこちに出かけたくなります。愛着が湧いて大事にしたくなります。

カッコよさへの配慮、デザイン性というものが、福祉や介護の世界では軽んじられているような気がしてしまいました。障害のある人間が、ユーザー視点で「こんなの、乗りたくないよ」と言わないと、いつまでたってもデザインがよくならないと思ったのです。

だから、僕は声を大にして言おうと思いました。

制約をヒントに、カーシェアを始める

また、公的支援のあり方についても考えさせられました。ＡＬＳについては、介護保

険が適用されるのは40歳からです。ですから、車いすを購入しようと思っても、僕の年齢では介護保険という支援を受けることができません。すべて自己負担になってしまいます。

自立支援制度を利用して行政からサポートしてもらうような方法もありますが、そのためには自分でさまざまな手続き、申請をし、行政と根気よく交渉をしなくてはなりません。

つまり、若年の難病者、障害者は、車いすが必要になって購入しようとしても、自己負担が大きいという問題があるのです。

値の張るものでも、一生ものだと思えば、思いきって買う気にもなります。長い間ずっと使えるのであれば、高くても入手を考えるでしょう。

けれどもALSの場合、病気の進行によって状態がどんどん変わっていきます。そのときどきの身体的状況に応じて、車いすの形態も変える必要がある、乗り換えていくことになるので、高価なものは購入しにくいのです。

介護保険が適用されない若年世代にとっては、なおさらです。

WHILLを知った僕は、これに乗って行動する自分の姿や患者仲間の姿をワクワクした気分で思い描くことができました。

機能性、走行性、デザイン性、安全性、すべてにおいて◎、コンセプトも◎、文句なしなのですが、ひとつ課題がありました。それだけよく考えて作られているものだけあって、購入するとなると値段が張るのです。

WHILLは介護保険適用者であればレンタルも可能なのですが、僕らのような若年層の場合は、それも適応外です。

費用という壁――。

僕自身が実際に直面したこの課題から考えついたのが、「カーシェアサービス」でした。

僕らが「WITH ALS」としてWHILLを複数台購入し、必要としている方にレンタルして使っていただくというプロジェクトです。

介護保険の適用されない40歳未満の若年ALS患者さんに乗ってもらう目的で、2017年2月にこのコンセプトをクラウドファンディングで提案し、資金募集をしました。多くの方々が共感、賛同してくださって、目標金額を達成。

さっそく3台のWHILLを購入し、17年4月から車いすのレンタルシェアサービスを開始することができました。現在は、4台のWHILLがフル稼働しています。

WHILL

自転車小僧だった！

車いすだってカッコいいものが欲しい——そんな僕の原点には、少年時代からのマウンテンバイク好きが関係しているかもしれません。

4歳半のときに両親が離婚、僕は母と共に日本に帰国し、母の実家のあった東京の西部、練馬区の石神井公園近くに住むことになりました。祖父や祖母に連れて行ってもらったその公園は、自然のまんまの感じで、アメリカの芝生の刈りこまれた公園とはまったく雰囲気が違っていました。

アメリカでは幼い子どもたちだけで外に出かけることはできなかったので、いとこや近所の友だちと一緒に子どもだけで外遊びができる環境が、僕には新鮮でした。よく石神井公園で泥だらけになって遊びました。

小学校に入って自転車を買ってもらうことになったとき、僕は迷わずマウンテンバイクを選びました。それに乗って出かけることで、行動範囲が一気に拡がり、楽しくてたりませんでした。

その頃には母が再婚し、赤坂に引っ越していました。石神井公園に比べたら都会の真ん中ではあるのですが、二十数年前はけっこう自然が豊かでした。今の東京ミッドタウンのあたりは鬱蒼とした林で、沼があり、僕はマウンテンバイクで出かけていっては、林を探検したり、沼でザリガニを釣ったりしていました。

マウンテンバイクで、本当にあちこち冒険に出かけました。

友だちと「お台場まで行かないか」と言って、2～3時間かけて行ったこともあります。やっと到着して海を見たらテンションがいっそう上がって、マウンテンバイクごとそのまま海に突っ込んだことをよく覚えています。

マウンテンバイクに乗ることは、風を切ってスピードを体感できること。そして、今まで知らなかったところへ行くことができること。そういうときのワクワクする高揚感が僕はたまらなく好きでした。それは今もまったく変わりません。

中学時代は、破天荒なことをやるのが好きな気の合う友だちがいて、マウンテンバイクでどっちがカッコいい技を決められるかを競っていました。長～い石段を自転車で上

ラジオナビゲーター／DJとして、さまざまなゲストとトークセッション

J-WAVEで、「WITH」というレギュラー番組（毎週金曜日26:30〜27:00）のナビゲーターを務めています。

2016年10月にスタートしたときは、滑舌にそれほど違和感がありませんでしたが、徐々に声が出しにくくなり、ろれつも回らなくなってきました。それでも僕に番組ナビゲートを続けさせてくれているJ-WAVEの関係者の方たち、そして聞き取りにくいところが多々あるにもかかわらず番組を聴き、コメントを寄せてくださるリスナーの方たちに、心から感謝しています。

この番組「WITH」では、僕がスローガンとして掲げている「NO LIMIT, YOUR LIFE.」をキーメッセージとして、各界で活躍されている方たちをゲストにお招きしていろいろお話をしていただいています。

番組スタートからの約1年半の間に、50人近い方々をお迎えしてきました。ミュージシャン、アスリート、テクノロジスト、クリエイター、社会活動家……多種多彩な方々が出てくださっています。みなさんご自分の信念のもと、熱い気持ちで何かをやり続けている方々ばかり。魂が揺さぶられるトークセッションをすることができ、僕にとって本当に楽しい時間です。

みなさんやっていらっしゃることは違うのに、なぜか共通していることがあるんです。それは、めちゃくちゃ行動力があること。発想力も確かにすごいんですが、それ以上に思いついたことを行動に移す力が桁違いにすごいんです。

何かアイディアを思いついたら、とにかくやってみるんだと異口同音におっしゃるんです。「こんなの無理かな」とか「いろいろむずかしそうだな」とか、四の五の考えたりしない。「やるか、やらないかだ」「ここはやるしかない」という心意気で行動していく。そういうバイタリティをもっていらっしゃるのです。

「ああ、やっぱりこういう人たちが社会を変えていくんだなあ」と感じ、僕もいつも発奮させられます。

力強い言葉からパワーをもらう

行動力のある人は、たくさん結果を出してきていますから、桁違いの説得力がありま す。その分、言葉も力強いんですよね。いろいろな方とお話しすることで、僕は毎回、勇気や刺激、たくさんのエネルギーをもらい、自分自身が内側からどんどんパワーアップしているような感じがしています。

たとえば、石井竜也さんの言葉で印象深く心に残っているのが、

「大きな夢や野望にしても、どうやってかなえていくかといえば、今、できることを全力でやり続けることの連続なんだ」

HEIL

「逆に言えば、今できないことは考えてもしょうがないよ」

これは、背中を押していただいたような気がするうれしい言葉でした。

筑波大学准教授でメディアアーティストの落合陽一さんも、ゲストで出てくださったおひとりです。健常者と障害者という垣根を取り払いたいという僕の言葉に対して、

「健常者用という概念があるから、障害者用という概念がある、それは近代の発想です。みんながパーソナルモビリティを使う時代になったら、全員が車いすに乗っているようなものですから、もう関係なくなります」

と語ってくれました。それを聞いて、パーソナライズ化していくこれからの社会に明るい希望が湧いてきました。

さまざまな分野で活躍している方たちと直に対話する機会を重ねるたびに、僕は自分の視野や発想がより拡がっていっている実感があります。

コミュニケーションとコラボレーション

番組での出会いがきっかけとなり、コラボレーションさせていただくことになった方たちもたくさんいます。

僕は、コミュニケーションとコラボレーションというのは地続きのものだと思っています。コミュニケーションとは、意思や感情、意見、考え方などを相手と通い合わせることです。つまり、相手と円滑なコミュニケーションをとるとは、相手が自分に投げかけてくれた言葉や知識、情報などをただ受け取ることではなくて、「自分はそれに対してどう感じ、どう関わることができるか」を考えて投げ返すことだと思うのです。

相手が求めているのはどんなことなんだろうと想像を巡らし、

「それだったら、こんなこともできますね」

「僕は、こういうかたちで協力できるんじゃないかと思います」

そんなふうに提案できれば、両者は一方向の関係ではなく、双方向の関係になることができます。それがコミュニケーションをとり、コラボレーションへとつなげていくことだと思うんですね。

いいコミュニケーションとは、コラボレーションにつなげられることだと考えると、「それに対して自分はいったい何ができるか」ということをシンプルに考えられます。

僕はそうやってコミュニケーションすることが大好きなんです。「すごいな」と思ったら、その人とコラボレーションしたくなる。自分だけではできないことも、一緒にチームを組んでやったらできる。そうやって誰も創ったことのないものを生み出す挑戦ができたらどんなに楽しいだろう、と思っちゃうんです。

「WITH ALS」というコンセプトもそうです。「誰か」と「何かのテクノロジー」を協働することで、ALSという病気と向き合いたいのです。

もし僕に医療関係の専門知識があったなら、僕はALSを治すための薬や治療法の研究分野で協働したいと考えたと思います。しかし残念ながら、僕にはその知識はないので、この病気にかかった人たちのためのさまざまな環境の改善、社会意識の変革という面で協働して力を尽くしたいと考えたのです。

もともとチームでやることが好きなんですね。中学時代はバスケット、高校時代はバレーボール、大学時代にはアルティメット、チームでやるスポーツに燃えるタイプの人間でした。

誰かと一緒に現実を動かしていく――。これこそコミュニケーションの醍醐《だいご》味《み》だと僕は思っているのです。

知らずしらずに人間観察をしてしまう

僕には昔から、人をジイッと観察してしまうクセがあります。やろうとしてやっているというより、ふと気がつくと見つめてしまっているのです。

学生の頃は、それが原因で「ガンつけてんじゃねえよ」と絡まれたこともありました。こちらとしては悪意なんか微塵もなくて、興味があるから見てしまうんです。「この人はどうしてこういうことをするのかな？」とか、「何を思ってこういうことを言っているんだろう？」などと、その人の心の中を想像しているんですね。

今でもそういうところは全然変わっていなくて、ときどき妻から指摘されます。一緒に外に出かけたときに、僕は無意識に人をジイッと観察してしまっているみたいなんです。

「ちょっと見すぎだってば。失礼だよ」

妻に小声でささやかれ、ハッとするようなことがときどきあります。

もし僕がどこかであなたと出会い、ジイッと見つめてしまうことがあったら、ごめんなさい。先に謝っておきます。悪気はまったくありません。興味があるから見てしまうんです。

『ウォーリーをさがせ！』なんかをやっていても、当のウォーリーを見つけるだけでなく、ウォーリー以外の人物に目が行って「こいつはここで何をやっているんだろう？」とか考えちゃうんですよ。だけど、それもけっこう面白くて、ウォーリーだけでなく、描かれている小さな人ひとりにも、やっぱりその人のドラマがあるんです。今度、そういう目で見てみてください。ウォーリーだけ探しているときよりも、一枚の絵がより濃密で楽しい世界に見えてくると思いますよ。

観察力と想像力が養われた経験

僕のこの観察グセが、意外にも役に立ったことがありました。

大学1年、ユナイテッドアローズでアルバイトを始めたときのことです。

販売員の仕事を経験したいと思って入ったものの、アルバイトは店頭で販売なんてやらせてもらえません。バックヤードで洋服をたたんで袋にパッキングするとか、品出しする商品をハンガーにかけるとか、ずっとそんな仕事ばかり。そういう中にも「へえ、そうなのか」と学習したことも少しはありましたが、そのうち飽きてきます。やっぱり接客をしてみたいわけです。

閉店の30分前くらいから、店内の片付けを始めるためにアルバイトも店頭に出られる時間があります。その30分がチャンスだな、と思いました。

そこで店頭に出ると、僕は片付けをしながら、店にいるお客さんの様子をさりげなく観察しました。そして近づいていってお声をかけたら、買っていただけたということが何度か続いたんです。その結果、

「武藤、ずっと店頭にいていいよ」

と言ってもらえるようになりました。

僕は、お客さんの様子を観察し、想像力を巡らしたわけです。

難しいことではありません。たとえば、同じ商品を2回手に取って見ていたら、それが気になっている、ということですよね。あるいは、連れの人と相談するシーンがある、これもどうしようか迷っているということです。よく観察していると、このお客さんはどのアイテムに興味があるのか、何を思ってこのアイテムを見ているのか、どうしたがっているのか、に気づくことができるんです。

閉店間際なので、お客さんも買うか、買わないかを悩んでいる時間帯でもあります。そのときに、「欲しい」という気持ちの背中をそっと押してあげるようなアプローチをすると、うまくいくんです。

でも、ヘタをすると、ウザい店員になってしまいます。そうならないようにするためには、そのお客さんがどんなことを考えているのかを、なるべく想像してあげる。「やめようかな」と思っているようだったら、声をかけないほうがいいのです。

接客は人生で初めての経験でしたが、たくさん洋服屋さん巡りをしていたおかげで「どういう接し方をしたら客としてうれしいのか、気持ちがいいのか」がわかっていたのも大きかったかもしれません。

店頭に立たせてもらえるようになった僕は、面白くて「これはけっこう僕に合った仕事かも」と思って、販売に力を注ぎました。お客さんに対する観察力と想像力が、どんどん養われました。

すると、店長に評価していただけるほど、店の売り上げ記録に貢献することができたんです。「数字で結果を出す」ってこういうことなんだな、と知りました。

人の心を動かしたい

この経験を糧に、次はネットショッピングの世界を勉強しようと思ってインターンに入ったのがベンチャー企業エニグモです。

そこで僕は、ひとつの理念のもとに世界初の新しいことをやろうとしている組織の熱気に触れました。そして、アップルの「Think different.」を知り、それに触発されて、「自分はどんなことをクレイジーにやりたいのか」と考えるようになったのです。

学生にとって、いちばん身近な「世界」とは大学です。僕の出身大学、國學院大學は当時は、保守的な校風で、学生が自由な発想でイベントを開催するようなことが全然ありませんでした。僕はそれを物足りなく思っていたので、自分たちでいろいろな企画・イベントを実践していく学生団体を創設しようと考えたのです。

2年の終わり頃、数人の仲間たちと共に、企画イベント団体「ideed（アイディード）」を立ち上げました。これは「IdeaをDeed（実現）する」という意味の造語です。

今まで学内で行われていなかった「ミス・ミスターコンテスト」を開催。

そのミス・ミスターにモデルになってもらい、アパレルブランドを巻き込んでファッションショーをやったり。

他大学と合同で、ワールドカップ日本代表を応援するパブリックビューイング企画を計画、実施したり。

イベント開催だけでなく、企業のプロモーションCMを作ってコンペに投稿したり。

前例がないことばかりで、何をやるにも大学側と交渉、調整しなくてはいけません。

「また武藤か」

と言われながら、実現への道を拓きました。

そういう意味では、すでにルートができているサークル活動を受け継いだのとはまるっきり違っていて、すべてが0からのスタート、道なき道を開拓することでした。0から1を生み出していく面白さを思いっきり味わったのです。

苦労して実現にこぎつけてイベントをやると、たくさんの人が驚いてくれたり、喜んでくれたりします。そういうときの快感は、洋服を売ったときよりもはるかに大きかったんですね。自分が本当にやりたいのは、さまざまなコミュニケーションの方法を通じて、「人の心を動かす」ことなんだと感じるようになっていくのです。

僕がコミュニケーションとかコラボレーションに強い関心をもつようになったのは、こうした背景があったからです。

人間って、自分自身がうれしいと思うことよりも、誰かをうれしがらせることができたときのほうが、喜びが大きい生き物なんじゃないかと思います。その「誰か」が大勢になればなるほど、やりがいがある。そういうことを仕事にしていきたいと僕は考えるようになっていきました。

GAKUIN
09
ECTION

KOKU
2
COLL
R.O.G.

「声」というコミュニケーション手段を失わないために

ＡＬＳで言葉を発することが次第に困難になっていくのに、なぜラジオのナビゲーターをやろうと思ったのか。

いずれしゃべれなくなってしまうこの病気に対する、僕の挑戦のひとつなのです。「NO LIMIT, YOUR LIFE.」ということを、僕自身が実証するためのチャレンジ。

僕は「もう少し声が出しにくくなったら、そこでやめよう」なんて思っていません。もちろん局のほうから「もう降板してください」と言われたら仕方ありませんが、自分の意志としては、とことんやり続けたいと思っています。

それにはどうしたらいいかを考え、1年以上前から準備を進めてきています。それは「音声合成」のテクノロジーを活用することです。

僕たちの身の回りには音声認識、音声合成が活用されているものがどんどん増えてきています。従来、合成された音声というと機械的で無機質な印象が拭えませんでしたが、近年は人間の声をコンピュータに認識させ、それをもとに「再現」する技術が進化してきているのです。

病気や手術で声が失われる患者さんのために、できるだけ本人の声に近いかたちで再現する音声合成ソフトウェアがあります。「ボイスター」（ヒューマンテクノシステム）といいます。

あらかじめ自分の声を一定量、録音し、声を再利用するためのデータベースを作成します。これを用意しておけば、眼を使ってメッセージを入力すると、自分自身の声質や口調を活かした音声合成ができるのです。

僕は、このデータベース用の声の収録をすでに済ませました。

ボイスターで再現される音声は、自分の声や話し方の特徴がかなり反映されていて精度が高いです。ただ、録音のために読み上げる文章量がとても多く、録音には時間がかかります。そこからソフトの作成までの作業にも時間を要しますし、コストもかなり高い。そういう意味では、どんな人でも手軽に利用できる、というものではありません。

僕は、例のごとく「障害者用」という発想ではないテクノロジーに目を向けました。

J-WAVE

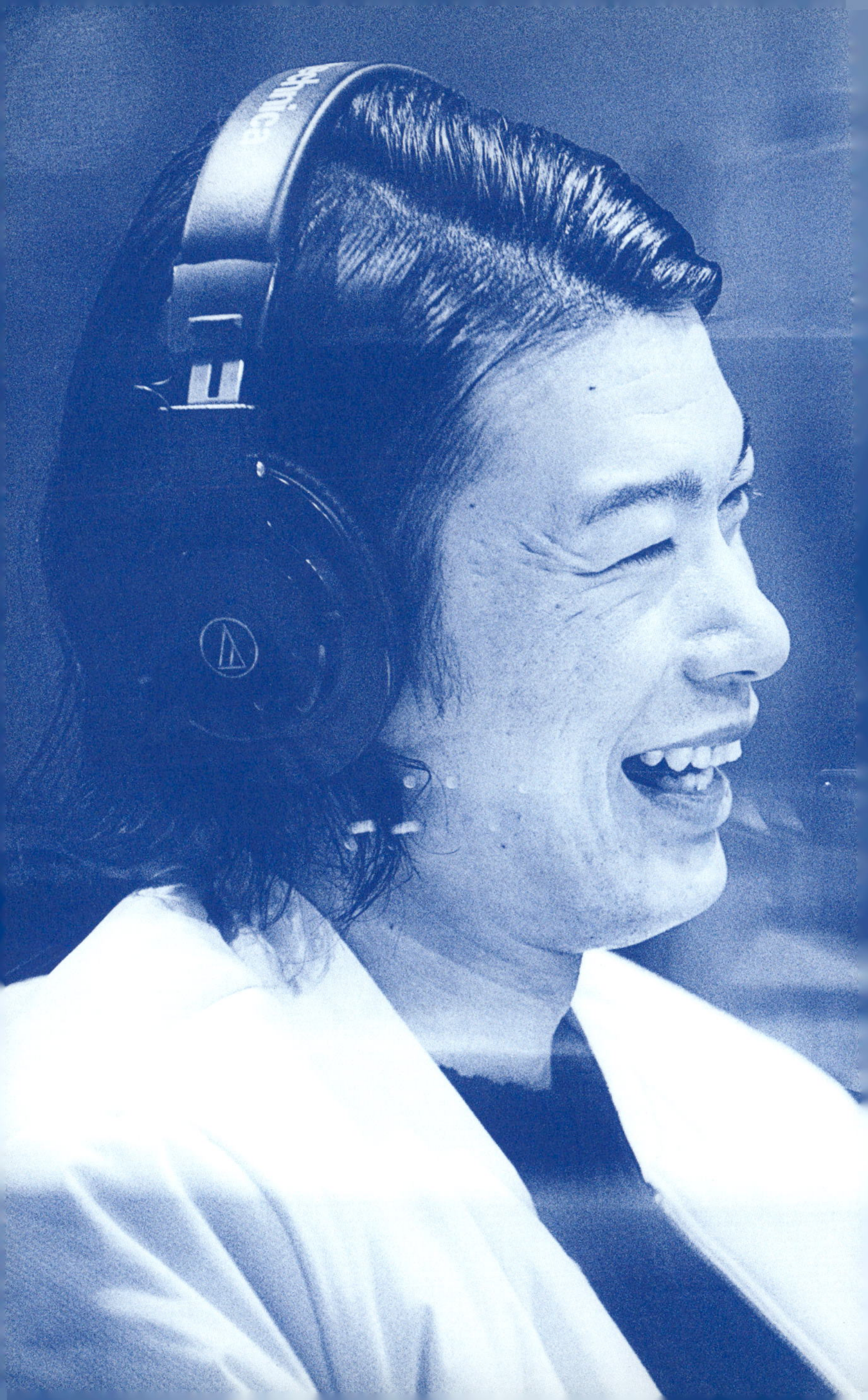

そこで出合ったのが、東芝さんの技術です。

東芝さんは、カーナビなどで、長年にわたって音声合成の研究が行われてきていたそうです。その蓄積を活かし、「自分の声を登録しておき、文字を打てば『コエ』がしゃべってくれる」というスマホアプリを開発されました。それが「コエステーション」（東芝デジタルソリューションズ）です。

まずは自分の声をデータ化するというしくみは同じなのですが、こちらはとにかく簡単。10文程度の例文を読み上げるだけなので、それにかかる時間は5分程度。そこからクラウド上で声の特徴を分析し、声の分身「コエ」が生成されるまでが15～20分ほど。これだけで、「コエ」が出来上がり、文字を入力すればその「コエ」でコミュニケーションをとることができます。

「コエステーション」は、「コエ」を使って自由に遊ぼうという趣旨のものなので、とにかく手軽に使えるところがポイントです。

僕もやってみました。たった10文ほどの例文で、僕の声によく似た音声が出てくることに驚かされました。しかも、例文を多く読めば読むほど、声の再現性をより高くすることもできるといいます。

「WITH ALS」として、共同研究プロジェクトを一緒に行わせていただいているので、僕自身は200文に挑戦して、妻や仲間が驚くほど、僕の声を再現することができました。

パラメーターの調整によって「コエ」のトーンをいろいろ変えることもでき、より自分が理想とする「コエ」を表現することもできます。ちょっとコエを高くしたり、喜びや怒りを表現したり。楽しいものが出てきたな、とワクワクしました。

このテクノロジーは、障害の有無にかかわらず、誰もが自分の「コエ」を簡単に残すことができるのです。誰にとっても自分らしさを表現する声は、とても大切なものだと思います。どうか、あなたの「コエ」も残してみてください。きっと、自分にとっても、あなたのまわりの大切な誰かにとっても、喜びにつながると思うのです。

僕は今、声を発するための筋肉や呼吸筋の動きが、少しずつ衰えてきています。呼吸を維持するために気管切開の手術を受けるかどうかというのは、ALS患者にとっては大きな決断となります。僕はこの手術をすることをすでに決心しています。そうすると、声を出すことは徐々に難しくなっていくでしょう。

僕にとって、話すこと、声でコミュニケーションをとることは非常に重要なことなので、声を失ってしまうことに対しては大きな不安がありました。

しかし、音声合成のテクノロジーが不安を解消してくれました。

そのうち、僕が眼などでメッセージを入力し、それを僕の声で再生してラジオ番組をお届けすることができるのではないかと考えています。

Quality of Life
を支える
②

母・武《む》藤《とう》雅《か》葉《よ》子《こ》

頑固だけど柔軟、
どんな状況でも
光を見出していく習性、
それが将胤の持ち味、
強みでしょうね。

スーパーポジティブの芽は高校時代から？

軽い言葉でいえば、将胤は「スーパーポジティブ」なんだと思います。みんなが「ダメに決まっている」というような状況でも、その中で穴の奥に光を見つけて突き進んでいくようなところがあります。

この病気への向き合い方にしてもそうです。過酷な状況になってしまったわけですが、その中で自分はどうすればいいか、自分に何ができるかということを比較的冷静にとらえていて、それぞれの段階でどうすべきかということを、わりと早くから考えていました。

「ALSの啓発をしていこうと思う」

そう彼が言ったとき、わが子ながら「なんて前向きなんだろう、強いなあ」と思いました。

病気を知って、私のほうはただただ悲しかったり、おろおろしたり、感情に翻弄されていましたが、本人はきっぱりと自分の道を見定めていた感じがありましたね。

では、子どもの頃からずっとそういう子だったかというと、決してそうではないんです。

中学、高校ぐらいまでは、自分が思っていることと現実がともなわないといいますか、うまくかみ合わなくて、どこか空回りしていた感がありました。

自分の興味のあることには熱中するし、ものすごく没頭するんですが、その集中力が勉強に向かうことは少なかったと思います。ある意味、勉強に対してはやる気がなかなか起こせなかったんでしょうね。将胤自身も自分ながらに少年時代はなんとなく歯がゆく、もやもやした思いがあったのではないでしょうか。

一転して、歯車がうまくかみ合いだし、物事が順調に展開して人間的にもグッと成長するようになるのが大学時代なんですが、その転機の芽がどのあたりにあったかと考えると、高校生の頃かなあと思うんです。

突然、前に出るタイプに変わった

今では人前に出て話すのを日常にしていますけど、中学の頃までは全然違っていました。小さいときから友だちはたくさんいるほうでしたが、みんなの前に出て何かするとか、そういうことはしたがらなかったんです。どちらかというとシャイで、求められても頑なに拒むタイプでした。

それが、あるときふっと変わったんです。よく覚えているのが、将胤が高校1年のときのこと、親戚一同が軽井沢に集まる機会がありました。

主人のほうの親戚は陽気な人が多くて、みんなで集まると、おどけていろいろ芸を披露したりして、にぎやかなんですよ。その日も、

「誰か、一曲やらない？」

ということになりました。

そうしたら突然、将胤が、

「じゃ、僕が一曲、歌います」

と言って、歌いはじめました。

それを聞いて大人たちはみんな、「えっ、マーくんって、こういう子だった?」ってびっくり。

それまでは、絶対にやらなかったんです。その頃から変わっていきましたね。まだ人生いろいろ空回り中の時期でしたけど、「人に何かを求められたら、恥ずかしさとかそういうのを捨ててやろう」みたいなことを思うようになったようです。

考えてみたら、友だちとバンド活動を始めたのも高校生のときでした。ライブハウスを借りて、自分たちでチケットを売ってライブをやったりしていました。いつ、どこで歌に自信をつけたんでしょうね(笑)。

急に「洋服が好き」と言うようになったのも、高校生の頃です。これにも私は驚かされました。それまで、着るものにあまり関心があるとは思えなかったからです。

いつも、洗濯して洋服ダンスに仕舞ったばかりのものを引っ張り出し、一つ覚えのように同じものを着たりしていたんです。新しいシャツを買ってきて入れておいても、全然着てくれない。

男の子だし、着るものに興味がないんだなと思っていたんですが、じつはそれが「こだわり」だったんですね。

「洋服が好き」と言い出してから、自分が本当に気に入ったものしか着ようとしなかったのだと気がつきました。

どうしていつも同じものばかり着るのかと聞くと、肌触りがいいとか、着心地がいいとか、そういう答えが返ってきました。でも、それは私が選んできたものを「好きじゃない」と言うのは申し訳ないと思っての、彼なりの方便だったんじゃないかと思います。

そういう気を遣うところがあるんです。自分の意思表示をはっきりするようになったら、少しずついろいろなことに自信がついていったのか、その頃、何か影響を受けた人がいてそう変わっていったのかはわかりませんが、自分らしさを表現する術を獲得していく中で、少しずつ世界が開けていくような感覚があったのが高校時代だったのではないでしょうか。

頑固さと柔軟性を併せ持つ

もともと、非常に頑固です。こうだとなったら聞かないところがありました。小さい頃から、そのときそのときの、彼なりのこだわりというものは、他の子より強かったですね。

その反面、「なぜそうなのか」「どうしてそうするのがいいのか」を自分で納得できると、柔軟に受け入れることができるんです。

頑固だけど柔軟性があるなんて言うと相反しているようですが、ようするに「何を信じられるか」ということなんだと思います。理解でき、信じることができれば、パッと切り替えられる。そういう発想の転換力、そして吸収力があるんです。

そのいい例が、就職先の決断のときにも表れました。

将胤は当初、「洋服が好きだからアパレル関係に行きたい」と言っていました。

主人（将胤を連れて私が再婚した相手）は広告の世界の人間で、将胤にもその世界が向いているのではないかと思っているようなふしがありました。

将胤は、それに対し反発していたわけではありませんが、「自分の将来は自分で決めたい、親に指図されたくない」という気持ちは強かったように思います。

大学に入り、洋服への興味からITベンチャーに興味をもつようになって、インターンをしたりバイトをしたり、そこからさらに映像とか広告に興味をもつようになったりして、結局、大学3年の頃には、将胤は広告代理店の博報堂を第一志望とするように変わっていきました。

当初の反応を知っている私からすると、驚きの展開でした。大学時代のさまざまな経験によって、彼は発想を切り替え、広告という表現手法を素直に自分の興味の対象へと転化していったんです。

ただ広告会社と言っても、志望したのは博報堂一本でした。あれは、「親父に言われたから、広告業界に行くことにしたわけじゃない。自分でこの会社に入りたいと判断したんだ。これが僕の道だ」という、彼の矜持《きょうじ》だったのかもしれません。

泥くさくやり続けて、壁を突き破っていった

博報堂に入れたのは、将胤自身の努力の結果です。苦労もなく、すんなりとその切符を手に入れたわけではありません。

高校時代にいろいろ変わりかけていたのですが、相変わらず勉強には集中できず、大学受験でも挫折を味わいました。1年浪人しての失敗だったこともあり、本人はかなりへこんでいました。そのときの後悔が、就職のときの奮起の原動力になったんです。

志望していた大学には行けなかったけれど、就職では起死回生を図りたいと、死に物狂いで頑張ったんです。

一緒に入社した人たちは、みんなものすごく優秀なエリートばかりだったようです。東大、一橋、早慶……学閥のようなものもあったみたいですね。言ってみれば、キラキラ輝くダイヤの山の中に紛れ込んでしまった石ころみたいな存在だったんじゃないでしょうか。

負けず嫌いなので、自分がそんな人たちに勝てるものは何なのか、入社してからも必死で考えたのだと思います。

将胤の強みは、やると決めたらその信念を貫き通すところです。頑固に執念を通します。しつこいです。家族なんかは「もう、やめて」と言いたくなるぐらい（笑）。

そんなに器用じゃないし、何でも最初からスマートにサッとできるわけじゃないん

です。つかえ、つかえやるんですけど、人が10やったらあきらめてしまうところを、100ぐらい、つかえながらでも続けます。その数が、普通の人と比べて群を抜いているんだと思うんですよ。

石ころが泥くさくやって、結果的に誰もあけられなかった穴を通すことができる、そんな感じです。

その「絶対にやり通す」執念を持ち続ける能力は、親バカかもしれませんが、すごいものがあると思います。

それと、先ほども言った吸収力ですね。まわりに優秀な方がたくさんいればいるほど、刺激を受けてどんどん吸収して成長していくんです。

そうやって一つひとつ壁を打ち破ってきたのです。

「あのエリート集団の中にいて、結果を出し続けなきゃいけないというプレッシャーは半端じゃなかった」

と言ったことがありますが、そういう厳しい環境で切磋琢磨《せっさたくま》する中で彼が吸収したものは、とても大きかったんじゃないかと私は思っています。

言っても詮無きことですが、もっともっとその中で力を磨きたかっただろうと思います。

できる限りの治療にも挑戦した 代替療法も含め

大学時代、そして博報堂時代と、人生がようやく波に乗りかけたところでの病気――、親としては、とにかく考えられること、私たちにできることは何でもしてやりたいと思い、いろいろ手を尽くしました。

かかっていた大学病院はとても立派な病院なのですが、ALSに関してはあまり専門性が高くなかったのだと思います。

なかなか診断がつかない状況に、私たちは苛立ちを禁じ得ませんでした。とくに、検査入院の後、ただ「経過観察」をするだけで、何の治療法の提示もないことに、「とはいえできることや可能性は何かあるのではないか」という思いを募らせていました。

そんな中で東北大にALSの第一人者と言われる先生がいらっしゃることを知り、セカンドオピニオンとして診ていただきたいということになりました。ただ実際に診ていただくまでには時間がかかり、秋までかかってしまったのです。

その先生に診ていただきたいと考えた背景には、先生が新しい治験を始めていらしたので、その治験にトライさせてもらいたいという思いがあったんです。

治すための治療ではなく、「進行を遅くする可能性がある」というものですが、進行を遅らせれば、可能性も拡げることができるだろうと考えました。結果的にその治験を受けることはできませんでしたが、その際にALSと診断されたことにより、以降、今も続けている点滴治療とリハビリ治療を受けられることになりました。

ただ最初の頃はそれの治療を都内では受けられるところがなくて、埼玉の病院まで通ったりもしていました。今は保険適用の認可が下り、近隣の病院でも受けられるようになりましたが……。

西洋医学以外にも何か手立てがあるかもしれないと、伝手《つて》を頼り、将胤を連れて主人が上海にまで行ったこともありました。漢方の先生を受診し、大量の漢方薬を処方され、毎日、それを煎じて飲ませた時期もありました。

何か民間治療もないかと探して、いろんなこともやりました。水素水がいいんじゃないかと聞けば試しましたし、金の棒でマッサージするというところにも行きました。

主人も私も、そして将胤自身も、民間療法にすがるという感覚はなかったのですが、できることは何でもやってみたかったのです。

期限を区切り、たとえば3カ月やるとか、半年やるとか決めて、効果が出れば、それは続ける価値があるけれども、出ないんだったら続ける価値はないと判断してやめる。そんなふうにして、いろいろなことをやりました。

今、将胤の進行が比較的ゆるやかだというのが、そうしたことの効き目なのか、そうでないのかは定かではありません。

やれるだけのことはやってきたという実感が親としては欲しかったんです。ただ手をこまねいて、動かなくなっていく息子を見ているだけなんてことは、私たちにはできなかったのです。

泣いて、おさめて、前を向く

最近は私が付き添うことが減りましたが、以前は病院に診療に行くときなど、私が付き添うことが多く、

「こういうことを覚悟しておいてください」

と言われると、動揺して号泣する場面も多くありました。

昨秋、家族でハワイに行ったときのこと、マウイ島の海がきれいに見えるレストランで食事をして、その後みんなで海辺を散策していたら、突然、泣き出しました。

義母（主人の母）が、将胤が子どもの頃から大好きなドライカレーを作ってうちに持ってきてくれたので、将胤と木綿子《ゆうこ》さんを呼んで一緒に食べていたら、泣き出したということもありました。

先日、将胤と共に石神井公園に行く機会がありました。かつて私の実家が公園の近くにあり、アメリカから帰国し、再婚するまで、私の両親と将胤とそこで暮らしていた時期があります。

石神井公園は、雑木林の風情漂う野趣に富んだ公園です。将胤は、カエルやトンボをつかまえたり、いとこや友だちとボートに乗ったり、おじいちゃんに夏だけオープンしている公園のプールに連れて行ってもらったりして過ごしました。

今は両親とも施設暮らしをしていますが、

本当に久しぶりに、石神井のかつての家の近くまで一緒に行き、思いがけず懐かしいご近所の方にお目にかかったりしました。

年取った祖父母が自分のためにわざわざ出向いてくれたと知ると、涙こそ見せませんでしたが、将胤は感慨深かったのではないでしょうか。

「もうみんなと一緒にこういう時間を過ごすことができないんじゃないか」という不安、寂しさ、申し訳なさ……きっと、いろいろ入り混じった感情がこみ上げたのではないかと思います。

彼は、いつもいつも強いわけではないんです。落ち込みもするし、感傷的になるし、泣きます。感受性が強い分、感情の起伏は普通の人以上に大きいかもしれません。

でも、さめざめと泣いた後は、想いを自分の中におさめて、さっと前を向くことができるんです。鮮やかに切り替えます。その能力は高いなと思います。

そして、それを経るとちょっと強くなっているんです。そうやってブレイクスルーしていく強さがあるんですよ。

家族それぞれの葛藤の中で

私たち家族は、将胤自身のポジティブさに救われているなあと思うんですね。

もし、将胤が泣いた後ふさぎ込んでしまったら、人生に対して諦観をもつようになってしまったら、私たちはおそらくどうこの病気と向かい合っていったらいいのか、とても困惑するでしょう。

彼は、自分がポジティブさを失わないことがまわりのためになることをよくわかっているから、意識してそうしているところもあると思います。

もちろん、「ALSの患者さんたちのために、自分にできることをやりたい」という使命感が原動力になっているのは確かなのですが、自分はネガティブになってはいけないと、いつも気を張っている部分があるんですよ。

だから、その理性の隙を突くような出来事があると、感情があふれ出してワッと感極まるんです。

私たちは、涙を拭ってやったり、背中をさすってやったりすることしかできません。たとえ家族でも、この病気の当事者の苦しさを理解できるとは思えませんから。AL

Sは、安易な気休めの言葉などかけられない過酷な病気です。

「どうしてこんな病気になっちゃったんだろうか」といったことはあまり考えないことにしていますが、それに近い感情はあります。悔やむというのとはちょっと違うんですけど、身近な家族の立場としての葛藤があるんです。

私には私なりの、主人には主人なりの葛藤があり、木綿子さんにも、弟や妹にも、それぞれの葛藤があります。

今現在のことだったり、将来のことだったり、家族でも、一人ひとりの立場によって、感じること、考えることが違います。

ただ、「自己再生能力的なものが高いのは、将胤だけじゃないぞ」と最近、私は思うようになりました。私もけっこう高いほうだと思います。なんといったって、私の息子なんですから。

主人も、そういうエネルギー値のとても高い人です。

だから、こうなってしまったことを受け入れて、光を探して進もう、と考えるようにしています。

病気との付き合い方、今のこと、将来のこと、不安や葛藤はそれぞれあるけれど、私たちも私たちで光を見出していくべきだと思うんです。

もちろん、将胤にも、ああなったなりに幸せを追求していってほしいし、私たちができる手助けはしてあげたい。

その一方で、私たちも、木綿子さんも、弟や妹も、将胤の病気のために、自己犠牲みたいな生き方をしてはいけないと思うんです。それは将胤自身も望むところではないですから。こういう状況の中で、私たちもなるべく楽しく、幸せに生きていくことを考えていきたいですね。

そうじゃないと、前に向かっていく力が湧きませんよね。つらいことばっかりだとね。

人生は本当に簡単じゃないと思いますが、ネガティブな感情の逃がし方がつくづく大事なのだなあと思います。

Chapter 5

「好き」を人生の推進力にする方法

LIFE DESIGN

あなたはどんな人生を歩みたいですか？

未来を担う子どもたちへ、ライフデザインという授業を行った。自分の生きたい人生を完全に生きるためのメソッドだ。僕の人生を通じてALSのことを知ってもらうだけではなく、ライフデザインというテーマで、自分が歩みたい人生や、自分の夢を考えてもらうきっかけにしてほしかった。僕自身も、今、こうしてALSという高い壁に日々立ち向かって、自分の人生を一瞬、一瞬、生きている。人生って、自分の強い意志、ビジョンがあって行動すれば、どんなことだって切り開ける。どんな壁だって乗り越えられる。武藤将胤というひとりの人間を通してALSのことを知ったことをきっかけに、一人ひとりにとっての人生を大切に歩んでほしい。

中学校の課外授業

ときどき、講演をさせていただく機会があります。主催者は、自治体だったり、企業だったり、病院だったり、学校だったりとさまざまです。

2016年の初めに、群馬県の中学校で課外授業の講師をしてもらえないかという話が舞い込みました。「WITH ALS」のホームページで僕の「LIFE LOG」を観てくださった学校の先生が、「ALSという病気について、生徒たちに話をしてほしい」とお声をかけてくださったのです。

未来を担う子どもたちに直接メッセージを送れることはうれしいこと、ぜひやらせていただきたいとお答えしました。ただ、「ALSがいかに大変でつらい病気か」という話だけを伝えたくはないと同時に思いました。

ネットでＡＬＳについて調べていたとき、「自分がこの病気だったら」と思うと気持ちが暗く沈んでしまうような情報にたくさん出合いました。「こんなにネガティブな話ばかりではなく、もう少し希望のもてるような情報が欲しいなあ」とすごく思ったんです。

そのため、自分はウェブで発信するときも、講演の機会を与えていただいたときも、できるだけ前向きで希望の湧くような話をしたいと心がけてきました。

では中学生にはどういう話をしたらいいのか。どういう内容だったら、関心をもってもらえるのか。

僕自身を振り返ってみると、中学生の頃というのは、自分と関係があると思えることでなければ、あまり興味がもてなかったような気がしたのです。中学生にとって「自分事」と思えることは何だろう？　いろいろ考えてみました。

そして思いついたのが、「自分の今と、未来は確かにつながっている」ということを教えてあげることではないかと思ったのです。

大人はよく「夢をもちなさい」と言います。だけど、中学生である自分の今と、その夢とをどうやって結びつけていったらいいのか、そこってけっこうわからないと思いませんか?

そこに、橋を架けてあげるような話をしたらどうだろうか。

今やっていることと将来がつながっていると思えれば、自分が社会を変えていく力になれるんだという意識ももてるようになります。

たとえばALSのような難病や障害のある人に対しても「今、自分にできることは何だろう?」という発想で向き合ってもらえるようになるんじゃないか、そう考えたわけです。

先生にご提案すると、共感していただけました。

そこで、僕はこれを「LIFE DESIGN」を考える授業と名付け、パワーポイントで資料を作って授業に臨む準備をしました。

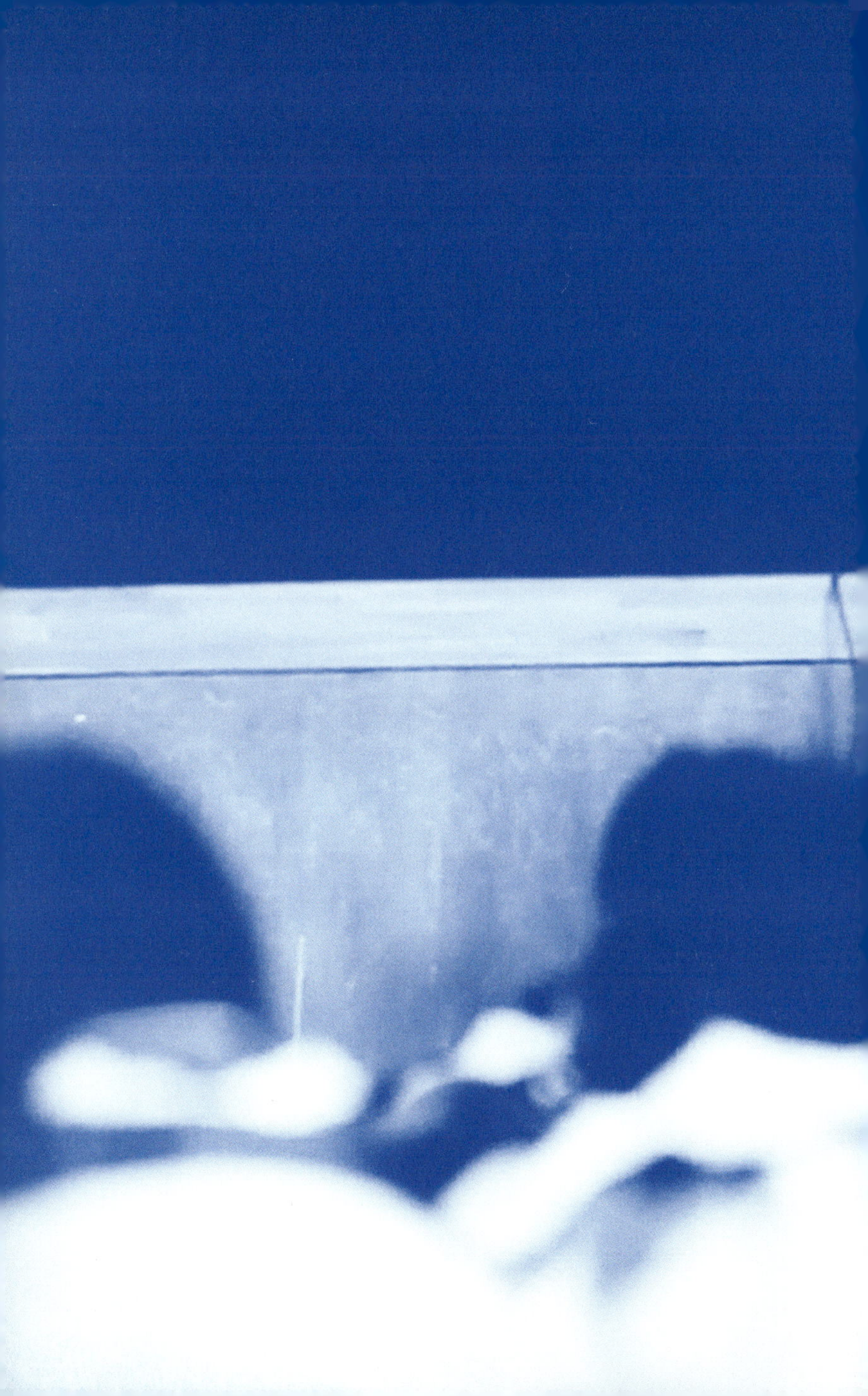

「心から好きだ」と思えることは何？

僕は、中学1年生の生徒たちに問いかけました。

「みんなが今、『心から好きだ』って言えるものは何ですか？」

「何の話が始まるの？」という感じでみんなザワザワッとしました。

僕はスライド資料を見せながら、話しはじめました。


「では、僕が好きなものを紹介しましょう。

まず、映画。小さい頃から映画が大好きで、ディズニー映画なんかをたくさん観て、育ちました。

音楽も大好きです。友だちとバンドを組んでいたこともありました。

ファッション、カッコいい洋服も大好きです。

新しいテクノロジーも好き。新しいツールとかスマホアプリとか、今までなかった新しい技術が出てくるとワクワクします。それから、人にサプライズを仕掛けるのも好きです。

みんなが集まるイベントも大好き。まだまだいろいろありますけど、とりあえずこのくらいにしておきます。

こんな感じで、自分が心底『好き』なことを、みんなにもそれぞれ挙げてもらいたいと思います。いくつ挙げてもいいですよ。これが最初のステップです」

僕自身のことを例にしながら話を進めていくのですが、ただ僕の話をするのではなく、ワークショップとして一人ひとりに自分自身のことを考えてもらうのです。

好きなことを深掘りしていく5ステップ

このメソッドには、第1ステップから第5ステップまで、5つの段階があります。

①**Feeling** 自分が本当に好きなことは何かを見つめてみる。

②**Finding** ①で挙げたものに、どんな共通点があるのか考える。「なぜ好きなのか?」「好きなポイントは何か?」という視点で、グループ分けする。すると、自分はどういうことを好きになる傾向があるのか、何に価値を感じる人間なのかに気づくことができる。

③**Visioning** その「好きなこと」をもっと楽しみ、深掘りしていくために、具

体的な目標を立てる。たとえばバスケットボールが好きだったら、「チームのレギュラー選手になる」とか、「次の大会で地区優勝を目指そう」といった目標にチャレンジする。

④ Researching

目標を達成するには、何をすればいいか。アンテナを張って、いろいろ情報を収集したり、視点を拡げて別の見方をしたり、どの選択肢がいいかを考えたりする必要がある。自分の知っていることはほんの一部なのだと気づき、目標に向かうために大事な要素は何かを考えたり、見極めたりする。

⑤ Moving

目標は達成できたかな？　たぶん、挑戦する前よりも、もっとそのことが好きになって、面白くなっているはず。そうすると、次にやってみたいこと、挑戦したいことが見えてくる。どうしたらもっと面白くできるかといったアイディアも湧く。つねに目標をもって、その実現を目指して動きながら、次に何をしたらいいかを考えていく。

こうやって階段を一段ずつ上っていくと、好きなことの世界がどんどん拡がっていき、また力がついて上達していきます。

「このコツを覚えておくと、いろいろなことに役立ちます。僕は大人になった今でも、この5つのステップを何度も繰り返して、自分のやりたいことを進化させています。好きなことって夢中になってできるでしょう? 努力することがイヤではないんですね。好きだから、頑張れちゃうんです。だから、自分が心の底から好きだと思えることを大事にしてください。好きなことで一歩一歩挑戦を続けていくことが、なりたい自分になっていく道、夢をかなえる方法です」

この後、僕は自分がALSという病気になって考えたことを話しました。

もう何もかもできなくなってしまうのかと絶望的な気持ちになったときに、自分の原点にある思いを振り返ったという話です。

大学生のときに、「社会を明るくするアイディアを形にしよう」と考えて、学生団体を立ち上げ活動をしていたこと。

それがとてもやりがいがあり、楽しかったので、「社会を明るくする」仕事がしたいと思って広告会社に入ったこと。

自分がALSになってしまったからといって、僕という人間の心が失われてしまったわけではないこと。

そういうことを振り返ってみたとき、「自分には、ALSと闘っている患者さんたちの未来を明るくすることができるんじゃないか」と思えたこと。

今もそのために頑張っていること。

自分がやりたいと強く思うことがあり、かなえたい夢やビジョンをもっていると、壁を乗り越える原動力になる、と僕は話したのです。

分身ロボットで遠隔授業

この課外授業が終わった後、生徒たちからたくさんのメッセージをもらいました。刺激を受けたというもの、勇気が出たというもの、いろいろありました。

先生方も喜んでくださり、2017年もまたオファーがありました。

今回、僕がテーマに選んだのは、「バリアフリーのデザインを一緒に考えよう」というもの。みんなからバリアフリーのアイディアを出してもらい、どうしたらそれが実現できるか一緒に考える授業をやりました。

4回にわたって行ったのですが、僕自身が入院のため、どうしても群馬まで行くことができない日があったので、そのときは東京から遠隔授業をすることにしました。

これが可能になったのは、仲間のロボットコミュニケーター、オリィ研究所所長の「オリィくん」こと吉藤健太朗さんの開発した分身ロボット「OriHime（オリヒメ）」のおかげです。

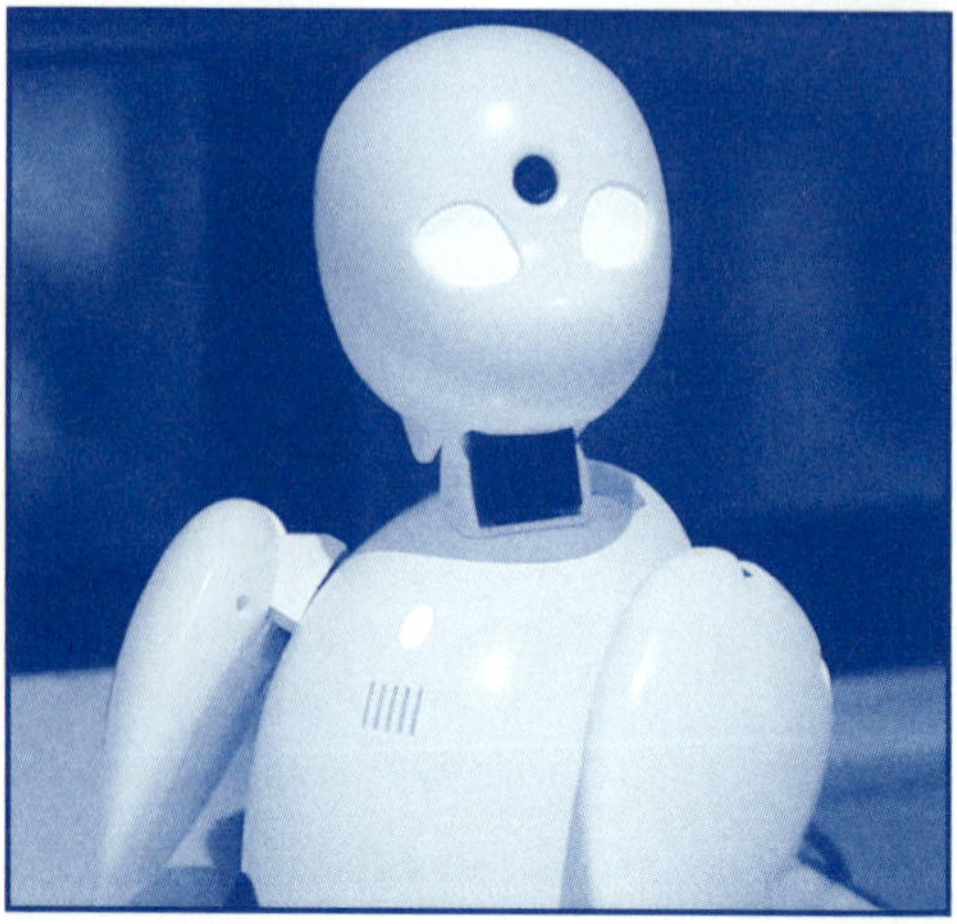

分身ロボット
「OriHime（オリヒメ）」

「OriHime」は体長20センチちょっと、重さは600グラムもないという小型ロボットです。カメラ、マイク、スピーカーが搭載されており、行きたいところに行けない人が、自分の代わりにその場に行かせ、インターネットを通して現場とコミュニケーションをとることができます。

カメラで向こうの様子をつぶさに見ることができ、音も伝わってきます。マイクを通じて自分で話すこともできますし、こちらから伝えたいことを視線入力などでメッセージを打てば、音声合成で読み上げてくれます。また、首や腕を動かして、感情表現もできるのです。

ＡＬＳの患者さんの間では、「OriHime」はかなりの人気者で、活用している方がたくさんいます。コミュニケーション手段が減っていってしまうＡＬＳ患者さんにとって、孤独に陥らないための力強い味方です。

僕も、東京にいながらにして群馬の中学校の生徒たちとコミュニケーションをとって課外授業を進められたことは、エキサイティングで楽しい経験でした。

「OriHime」は、僕らのように病気や障害のある人たちにとってうれしい存在であるのはもちろんですが、健常者の方たちをサポートすることにも役立ちます。

たとえば、子育て中で会社に出勤できない在宅ワーカーの方や、地方や海外など、遠方でのお仕事が多い方などにも、幅広く活用されています。

そこで、オリィ研究所と僕ら「WITH ALS」との共同で、「働くTECH LAB」と称し、ロボットテレワークの可能性を開拓するプロジェクトも推進することにしました。

いろいろなつながり、絆が、どんどん拡がっています。

中学生の自分に教えてやりたかったこと

「好きなことを自分の軸にして前進していくことが大事だ」というメッセージは、僕自身、「中学生の頃の自分に教えてやりたかったなあ」とずっと思っていたことなのです。

中学時代の僕は、基本的に勉強が好きではありませんでした。自分が好きなこと、面白いと思えることはものすごく熱中してできるのですが、勉強に対してはそういう気持ちになれませんでした。テスト勉強なんかは、とくにやる気になれなかったタイプです。

親に「勉強しなさい」と言われても、「なんで？　テストでいい点を取ることに、何の意味があるのかわからない」と思っていました。

高校生になってもそんな姿勢は変わらず、勉強から現実逃避したい気持ちもあって、自分の好きなこと、スポーツとか、音楽とか、洋服とかのほうにハマっていきました。好きなことに熱中していると、自分らしさを実感できました。

そのまま大学受験の季節を迎え、僕は失敗します。1年浪人させてもらったのですが、またも失敗、志望校に受からなかった、つまり結果が出せなかったのです。

私立の附属高校に行っていたので、そのまま大学に進むこともできたのですが、自分の可能性を拡げたいと思って受験する道を選択し、浪人までしたわけです。にもかかわらず結果を出せなかった、これは人生で初めての大きな挫折体験でした。

そのとき父が僕にかけてくれたのが、

「失敗から学べ。これからどうしていくか次第で、それは失敗ではなくなる」

という言葉でした。

ハッとさせられました。第一志望の大学には入れなかったけれど、これからの大学生活を思いっきり充実させられたら、この経験を糧に、挽回すること、成長することができる――そう気づかされたのです。

何のためにやるのか、目的が明確なら勉強は面白い

僕は、第一志望ではなかった國學院大學に進学しました。そのときには、「仕方なく」という気持ちはすっかり消えていて、心機一転、「ここで最高の学生生活を送ってやる！」という気持ちでした。

アルティメットのチーム「TRIUMPH」に所属し、すぐに仲のいい仲間もできました。

僕は経済学部でしたが、「好きな洋服関係の仕事をするには何が必要なのか？」という意識をもつようになったら、経営理論とかマーケティングとかの授業が、すごく面白く感じられたんです。

「勉強ってこんなに面白いものだったのか」ということを、僕は大学生になって初めて知りました。

そのときに、自分がなぜ受験に失敗したのか、敗因がわかったんです。

僕は、受験勉強を自分のためにやるもの、「自分事」にできていなかったのです。何のために大学に行きたいのか、何のために勉強するのか、自分自身が「こうなりたい」というビジョン、目指していることがはっきりしていれば、そのために全力で頑張ることができます。でも僕は、そういうビジョンを自分の中で見出せていなかった。だから本気で集中できなかったんです。

「自分は何のためにこれをやっているのか」

このことがクリアになっていれば、「自分事」として熱くなれます。

同じ勉強でも、やらなきゃいけないものとして、仕方なくやっているとつまらないですが、「この目的を達成するために必要な勉強だ」と思えたら、めちゃくちゃ真剣になります。

逆に言えば、「こうなりたい」という人生のビジョンがあれば、逆算して「そのためには、こういう勉強が必要だな」とか「こういう資格もあったほうがよさそうだ」と考えられます。

ビジョンをもつというのは、先のことが見えやすくなることにつながるんです。

こういう考え方をするようになったら、急に人生がうまく回転しはじめました。

僕は、自分の将来に対してまだ具体的なイメージが描けていないであろう中学生のみなさんに、このことを伝えたかったのです。

好きなことで目標を掲げて、打ち込む

大学時代、僕はじつに濃密な毎日を過ごしました。

最初は、卒業後はファッション関係の仕事をしようと思っていたので、販売のアルバイトをすることにしました。前述したように、商品を売る面白さを味わいました。

ネットショッピングの勉強をしようとITベンチャーのインターンを経験したことで、IT業界や広告業界に興味を惹かれるようになり、「社会を変えていくようなクレイジーな人間になりたい」と思うようになります。

そして大学を変えようと、学生団体を立ち上げました。

当時の僕はやりたいことがどんどん増え、その力をつけたくて、フル回転で動いてい

ました。

大学で授業に出て、インターンの会社に行って仕事をして、会社が終わったら資格取得のための学校に通っていました。簿記の資格、システム・アドミニストレータというＩＴの資格を取りたかったからです。

その合間に学生団体の活動をしていました。イベントの企画を立てたり、フリーペーパーを出したり、仲間たちとＣＭ映像を制作していろいろなコンペに出したり……。

何もかも面白かったですね。自分の好きなこと、夢中になれることが起点になっていて、それぞれに達成したい目標があったから、必死にやれたのです。

ひとつ達成できると、次の目標が見えてくるものなんだなとわかったのもその頃です。目の前の目標突破、次の目標、その次の目標……その延長線上に、かなえたい夢があるんだと考えられると、一歩一歩進んでいけば、いつかは手が届くわけです。

結果を出すということは、「次のチャンスを得やすくする」ことだということも学びました。

武器は「好き」を推進力として邁進《まいしん》すること、味方は自分が出してきた結果、今につながる僕のポリシーは、ほとんど大学時代に培われたものだといえます。

RS
Sheckler
2009
TIMES SQUARE
HSBC
Koda
New City
swatch+
Corona Light
Eat in Times

「自分の勝ち方」を見つける

大学3年のときには、広告業界を目指したいという気持ちになっていました。OB訪問をしたりして、僕は博報堂を狙うことにしました。

ものすごい競争率です。超一流といわれる大学出身の人たちが受けに来ます。僕は國學院という学校がすごく好きで誇りももっていますが、ハイスペックな一流大の人たちが鎬《しのぎ》を削るなか、明らかに不利な状況であることは、よくわかっていました。

正直な話、同じようなタイプの東大生と國學院生がいたら、僕が人事担当者だったとしても、東大生を採ると思います。そのほうがリスクが少ないですし、上にも説明しやすいでしょう。

では、そういう人たちの中で、僕はどうすれば自分の存在証明をして、結果を出すことができるのか。

僕は、大学時代に自分が何をやってきたか、その実績で勝負するしかないんです。学生団体にせよ、映像制作にせよ、僕がやってきたのは「とにかくゼロから何かを生み出す」ことでした。

広告やエンターテインメントの力に希望を感じた、2010年初頭の学生最後に訪れたNY。

たとえば、ミス・ミスターコンテストの開催ひとつとっても、先輩がやっていたことを引き継いだのと違い、それまで学内でやったことがないことを初めて実現させたわけです。

そういう、「本学で初めて」といわれることをいろいろやってきたことは、自分が自信をもってアピールできるポイントだと思っていました。

難関突破して、内定をもらうことができたとき、この大学に進んだことを、自分の力で挽回し、失敗ではなくすることができた、という気持ちになりました。

気の合う会社の同期ふたりとルームシェアをしていたことがあります。ふたりとも東大卒で、ものすごく優秀で、さまざまな刺激を僕に与えてくれました。その仲間が、「熱量、人間力、クリエイティブな発想、この3つではおまえには勝てないなあ」

とよく言ってくれました。

僕という人間の最強の持ち味はそこなんだな、と自信をもてたことをよく覚えています。

だから、病気になったからといって、僕が僕であるために、その3つを失うわけにはいかないのです。

左から、武中裕登《たけなかひろと》、小田切彰子《おだぎりしょうこ》、長永陽介《ながえようすけ》、鈴木夏希《すずきなつき》、岩田征司《いわたせいじ》

大学時代の仲間

ALSになる前と少しも変わらないマサと、今まで通り友人でいること、弱いところをさらせること、それが私たちの役目だと思う。

ALSを知って

鈴木　ここに揃った5人は、武藤将胤（以下、マサ）と大学時代の友人で今も付き合いのある面々だけど、マサがALSという病気になって思うことを話してほしい。

私は、転職して博報堂に行った時、同じ部の隣のチームにマサがいて、病気が進行していく様子を間近で見ていたんだよね。

武中　まだ病名がはっきりしていない頃、俺、何の気なしに「ALSとかじゃないよな」とか言って、三浦春馬がALSの主人公を演じたドラマ（『僕のいた時間』）の話をしたことがあって、後になってそのときの会話が蘇《よみがえ》ってきて、「頼む、そうじゃないことを祈る！」って思っていた。

長永　カミングアウトを受け、俺は最初、どういう態度をとったらいいのか決まらなかった。差し迫るものがマサにはあるけど、「自分には何ができるんだ？」「何をすればいいんだ？」って。

2年前、マサが初めてEYE VDJをやった音楽イベント会場で、バーッと涙があふれた。「ああ、やってることは学生時代と全然変わってない」、そう感じた。学生の頃、一緒にドライブに行って、マサが「音楽、かけるわ」って好きな音楽を流して、「これ、いいね」って言いながら聴いてた。箱は大きくなったけど、やっていることはそれと変わらない。流したい音楽をかけ、その場にいる人を喜ばせる、ということだから。

まわりの人が、病気になったマサに対してどんな思いをもとうが、マサは病気になる前と少しも変わってないって気づいて、俺も今まで通り「これ楽しいね、あれは楽しくないね」と言い合える友人でいるのがいいことなんだろうって思った。

岩田　それわかる、共感できる。

長永　「01」を作ったのもそう。学生時代から自分の洋服のブランドを作りたいとか、店を持ちたいって言ってた。今も変わらず、カッコいいとか、ワクワクするという軸で動いている。ALSになったことで物事が加速した側面はあるけど、なっていなくても洋服は作っていたと思う。EYE VDJを始めたことも、洋服を作ったことも、当初、マサが思い描いていた自分らしい方向に向かっているだけなんだよ。

岩田　昔からいつも「人を驚かせたい」と考えてたヤツ。それはALSになろうがなるまいがやっていること。まさに陽介の言う通りだと思う。

武中　ALSになってからも、学生の頃から楽しむという気持ちを忘れずに、昔と同じ感覚でやっているというのは、俺もすごく感じる。

長永　「人の心を動かす」というのは、マサが学生時代から掲げていたことだよね。

ALSになってからいろいろ取材を受ける機会が増えたでしょ。「ALSなのにこんなに前向きに頑張っている人」みたいな取り上げ方をしているのを見ると、ちょっと違和感がある。「昔からこういうヤツだった、ALSという冠がついたからこうなったわけじゃない」って俺は思っちゃう。

ALSというキャラがひとつ増えただけ

鈴木　マサの身体が動かなくなり、物理的にいろいろなことができなくなっていくことで、何か意識していることってある？

小田切　私は、学生の頃から一緒にイベントをやってきたけど、何か特別なことという感覚ではなくて、気づいたらやっていた感じ。もし骨折した友だちがいたら、「それも持とうか」「やってやるよ」って言うでしょ、それとまったく変わらないよね。

ALSの症状も、ひとつの性格というか個性みたいな感覚。

長永　そう、マサはストローでないと飲めないヤツだから、みたいなね。それで俺、いつ会うかわからなくてもストローを常備するようになった(笑)。カバンにずっと入れている。

鈴木　わかる、私もコンビニとかでもらうフォークを、一時いつもカバンに入れていたことがあった。「これ、マサが使える」って思って。

武中　花粉症で鼻水がめっちゃ出る人のために、ティッシュ持って行ってやろうか、そんな感じだね。

小田切　根本的に、私たちはマサと楽しい時間を共有したい。自分たちが普通にできることを知って、ちょっと心がけておくことで、ストレスなくマサと一緒の時間を楽しみたい、そういうことなんだと思う。

それぞれの付き合い方

岩田　じつは、俺はまだちょっとどう接したらいいか、見い出せてないところがある。「手がしびれて、字が書けなくなったんだ」と聞いてた頃は、マサは字がものすごく下手くそだから、「字を書かなくて済むようになって、よかったじゃない」なんて、本人に言ってた。不謹慎だけど冗談めかすことも言えて、まだそれぐらい普通に接していられた。

でも、気管切開の話を聞いたときは、なんて返せばいいのかわからなかった。「ああ、そうなんだ……」としか返せなかった。「いや、大丈夫だよ」なんて軽々と言えないし。

長永　それはすごくわかる。俺も、マサに対する自分の立ち位置が明快になったとか言っているけど、やっぱりその場その場で悩むときがあるもんなあ。

鈴木　マサは、たぶん慰めてほしいなんて思っていないよね。ただ聞いてほしいんだと思う、純粋に友だちとして。共有するだけでいいんじゃないかな。

小田切　マサはすごい淋しがり屋だよね。とても強がりだし、カッコつけだけど、気にしいで弱いところがある。そんなマサが弱さをさらせるのが私たちなんじゃないかな。心にもないことを言わないメンバーだから、今もこうして付き合い続けていられるんじゃない？

長永　マサのまわりには、頭のキレがよくて、才能があって、すごい人がたくさんいる。そんな中で、俺らって超普通でしょ。ほんと普通。代わりなんかいくらでもいる存在。それでも付き合い続けてこられたのは、一緒に長く過ごしてきた年月もあると思うんだよね。

武中　10年以上の付き合いだからね。

長永　だから、マサがらしくないことをしたときには、「らしくない」とはっきり言うのは、たぶん俺らの役割なんだと思う。そういうのを求められていると思う。

小田切　陽介って、ふざけながらもさりげなく核心を突くことを言うよね。マサはそれが安心できるんだと思う。

岩田　マサのコントロールの仕方を心得ているよね。

小田切　私は正面からぶつかって、ケンカばかりだけど（笑）。

長永　俺は、もともと一緒に夢をかなえようとしてサークルをやっていた仲間じゃなくて、ずっとただの友だちだから。

今、「WITH ALS」を何かサポートするときも、あくまでも「おまえといると楽しいから、ここにいるんだ」というスタンスでいる。

武中　俺は今後、「WITH ALS」で一緒にやっていくことにした。学生時代からマサとふたりで、「何か大きいこと、やりたいね」って言っていたけど、そのタイミングが到来したと思ってる。

小田切　友だちでもみんな一人ひとりポジションというか役割が違う。同じじゃないからこそ、いいんだと思う。

自分をリブランディング

長永　まだマサが博報堂にいた頃、病気の理由は過労からきている可能性もゼロではないんじゃないかという話をしたことがある。そしたら、「もし、そうだったとしても、いっさい後悔はない。かけがえのない経験をさせてもらったから」ときっぱり言ったんだよ。「すげえ、俺だったらこんなふうに言いきれない」って思った。あの言葉は忘れられない。

小田切　こういう言い方が適切かわからないけど、ALSは、マサをより強くするひとつのブランディングになったと思う。なったというか、マサ自身がそうしていったんだけど。

鈴木　私もそう思う。

武中　うん、ハンディを完全に武器にしちゃったね。学生のときから、自分自身をプロデュースすることに長けていたけど。

小田切　病気を公表してから、ブランディング力が、バーンって出てきた感じがすごくある。ある意味、ターゲットとするマーケットが定まったことで、ピンポイントの訴求力が出て、マサがやりたかったことがギューンと進みだした感じ。

岩田　そうそう、加速度が出たんだよ。

小田切　ALSという難病のブランディングをしたんだよね。本人がブランディング力というものを信じているからこそ、自分自身で実体験してやってみせているみたいな感じ。根っからの広告マンだなって思う。

武中　有言実行だよね。言ったことは、ほんとに必ず結果を出す。

鈴木　マサは昔、國學院という保守的な学校に、新しい風を起こした。今は、ALSの世界に新風を起こしている気がする。

長永　そうだね、新しい風を起こしたすごい人というより、「私たちにも変えられるんだ」と思わせるものがあった。ALSの患者さんたちにもそういう力になったらいいね。

Quality of Life
を支える
4

左から、青木真優《あおきまゆ》、桜井翔太《さくらいしょうた》、村田勇人《むらたはやと》、小池光章《こいけみつあき》

「WITH ALS」の仲間

ともに走り続けることが、すべてのALSの人たちのためになり、社会を変えるきっかけになっていく。それを実現するのが「WITH ALS」。

マサに巻き込まれた人たち

村田　僕は武藤さんに初めて出会ってから1年くらいなのですが、真優さんは「WITH ALS」に最初から関わっていたんですよね。

青木　ええ、始まりは2015年の2月、武藤さんが「ALSの啓発活動を始めるけど。興味ない？」と声をかけてくれたんです。最初は武藤さんのつながりで集まった博報堂の社内メンバーだけで、活動母体は

会社の会議室で有志の人がやってました。

小池　翔太は、その頃から参加してたの？

櫻井　はい、カメラマンとして。

青木　しばらくして一般社団法人の団体にしようということになったんだけど、立ち上げには理事が3人必要で、副業禁止の会社員は務めることができない。そのあたりから、外部の人にも入っていただくようになったんです。

櫻井　武藤さんが博報堂を卒業することになって、事務所をどこに置こうかというときに、勇人くんと武藤さんが、自分の会社と「WITH ALS」を共同オフィスで始動しようと決めました。

小池　そして、翔太とも勇人とも知り合いだった僕も「一緒にやろうよ」と言われてジョインすることになった。ざっくり言うと、こういうことだよね。

青木　武藤さんって、人を巻き込む力みたいなのがあるんですよ。気がつくと、やることになっている。人たらしの才能があるんです、あの人（笑）。

村田　わかる。人の懐にスッと入って仲良くなっちゃうんです。コミュニケーション能力抜群。僕もそれにやられたんです。

小池　知り合いのミュージシャンをよくマサに紹介してつないだりしてるけど、マサはみんなから愛される。希望を伝えよう、後世のために何かを残そうとして自分の人生を懸けて活動している姿勢に、ミュージシャンもみんな共鳴して、「マサLOVE」になるんだよね。

青木　ある意味、めっちゃピュアですよね。

小池　うん、めっちゃピュア。気に入るもの、気に入らないもの、楽しそうなもの、そうじゃないもの、わかりやすく顔に出るしね。

村田　最近、武藤さん、すごくいい感じに変わってきてると思いません？　どんどんカッコよくなってると思うな。

小池　確かに、どんどんカッコよくなってる。昔の写真とか映像見ていると、「太ってたな」って思う（笑）。今のマサが一番カッコいいよな。

元気に見えるけど、重症患者

青木　櫻井さんは映像撮ったり、一緒にいる時間多いから、感じているものもまた違う面も見ているかもしれないですね。

櫻井　昨年、僕は武藤さんとふたりでSXSWに行くということで、2週間一緒にアメリカ旅行をしたわけだけど。

小池　完全密着の旅だよね。

櫻井　うん、今の武藤さんと一緒に旅をするとは、すべての時間を共有することになる。

村田　そうだよね。まさに奥さん同様の2週間。

櫻井　たとえばご飯を食べるときも、彼が食べる時間と自分が食べる時間が要る。彼の歯を磨く時間と自分の歯を磨く時間、彼が洋服を着る時間と自分が洋服を着る時間……、普段、自分がやっている行動を普通にやろうとすると、すべて2倍時間がかかるというのを体験して、「奥さんはこういうのを毎日やってるんだ、すごいな」と思った。

青木　やっぱり大変だった？

櫻井　通常の介護ではなくて重症患者の介護なんだ、って感じた。武藤さんってこだわりのある人だから、日常生活でも「自分はこうしたい」というのがはっきりある。整髪剤の付け方ひとつにも、「これはこうやってこうつける」とかね。

村田　譲れないものがあるというのは、武藤さんは美意識が強いからだと僕は思います。「これがいい」というのが絞り込めてるということですよね。いいことなんじゃないですか。

たとえば、「コンビニに行くけど、何か買ってきます?」と聞くと、「じゃ、ローソンの『からあげクン』買ってきて」とか返ってくる。「ローソンに行くとは言ってないんだけど」と思うけど、はっきりそう言ってもらったら、買ってきたけどハズレだった、ということはないです。決まってるということは、よけいなものがそぎ落とされている状態だと思う。武藤さんのこだわりって、求めているものに最速でたどり着くための方法論みたいな気が僕はするんだけどな。

櫻井　こだわりが今の武藤さんを形成している大きな要素だと僕も思うし、クリエイティブな面ではそういう感性はすごく大事なことだとも思う。

青木　実質的な面で、要介護レベルが上がってきたこともあると思うけど、一緒に仕事を進めていくためのサポートに加えて、介護というサポートも必要。よりよいバランスを探して、ベストな体制を模索していくべきかもしれないですね。武藤さん個人のヘルパー確保問題にするんじゃなくて。

櫻井　そう思うんですよね。

信頼の基準

小池　いろんな人との関わりが増えてきて、マサはよく「その人、信用できる?」と言う。その「信用」とはどういう基準なのか話したりするんだけど、「最後までやり通す責任感があるかどうか」で判断しているんだよね。

櫻井　今は、「仕事ができる、できない」とかの部分よりも、心の部分でしっかりやれる人かどうかを見るようになったと思います。そこは昔の働き方とはけっこう変わったところじゃないかな。

以前は、「仕事のできる人＝仕事を任せられる人＝信用できる人」という感覚が強かったと思う。だけど今は、仕事を任せられるという信用と、人間的に信用できるということが、武藤さんの中でに分かれてきている気がします。そして、人間的に信用できる人と一緒にやりたいんだという気持ちが強くなっているんじゃないかと思う。

小池　なるほどね。

櫻井　そういう意味でも、最後までしっかり責任感を持ってやり抜いてくれる人が、武藤さんにとって本当に信用できる人になっている。あるいは、心で物事を進めていける人だったり。そういう人を信頼しているという気がします。

身体が動かなくなる恐怖というのは、僕たちには計り知れないものがある。究極をいえば、自分の大事なものも守れない。そのことで悩んだり、傷ついたりしているのではないか。だから、まわりには信頼できる仲間にいてほしい、本質的に信頼できる人たちに支えてほしい、というのがあるんだと僕は思っています。
　自分がもし同じような状況だったら、やっぱりそうするだろうなと思うからね。

青木　そういう視点であまり考えてみたことがなかったけど、武藤さんの言動の裏側が少しわかった気がする。

櫻井　いろいろな人が出入りをする「WITH ALS」の中でも、今まわりにいる人たちというのは、武藤さんが弱さを見せることのできる本当に信頼できる人たちになってきているんじゃないかな。

「WITH ALS」の目指すものは何か

青木　「WITH ALS」のユニークさというのは、「社会にいいことを創っていこう」という啓発色の強いマインドと同時に、もっと身近なこと、武藤さんがよりよく生きるために必要なものがまだ世の中にないから、彼の将来を支えるためには何をしたらいいのか、というスタンスでもやっているところなのかも。少なくとも私はそう思っています。

櫻井　めっちゃわかる。自分も同じ気持ちがある。

小池　あいつが暗闇の中で生き続けるようになったときでも、僕らはコミュニケーションを続けたい。それにはテクノロジーの力が絶対に必要。でも、その技術がまだ追いついてない。きっと10年、20年経ったらできるようになると思う。だけどALSという病気には時間がない。そこだよね。

櫻井　武藤さんが最終的に目指しているところは、テクノロジーを使って、介護者なしでも自分ひとりで眼や脳波などを使って生活できるようにしたいということ。それぐらいのレベルまで技術を進化させていきたいって、よく言っている。

小池　僕らがマサとともにそこに一歩でも近づけるようにすることが、他のALS患者の方々や、後に続く人たちにも役に立つことになるかもしれない。

青木　だから、武藤さんを軸にして、市場価値があるアイディアを実現するチームなんだよね。武藤さんってやりたいことが次から次へと泉のように湧いてくるでしょ。ほんとアイディアが豊富。

小池　エキサイティングだよね。すごく面白くて、楽しい。

櫻井　武藤さんが快適に、楽しく暮らせるようなことをいろいろ実現させることができたら、結果としてそれが社会の役に立つ、ということだと思う。

村田　僕らが武藤さんと共に走り続けることが、結果としてすべてのALSの人たちのためになり、社会の変化になっていく。それが「WITH ALS」の役割です。

Chapter 6

未来のために、今できることをやり続けよう

KEEP MOVING

動き続けるということ

一過性で終わってしまった「アイスバケツ・チャレンジ」から約4年が経った。けれども、ALSに対して支援法の兆しは見えてきたがまだまだ終わってない。今こそ自分たち一人ひとりができる行動を続けていくということが大事だ。それはもしかしたら寄付かもしれない。自分が関わっている介護やテクノロジー領域なのかもしれない。何にせよ、今、自分ができるアクションでいい。それを継続していけるかどうか、そこがすごく肝腎なのだということ。それをもう一度社会に提示するのは、今年がいいタイミングなのではないか。

「アイスバケツ・チャレンジ」から約４年

突然ですがご紹介をさせてください。僕らが「ＷＩＴＨ ＡＬＳ」のキャラクターとして制作した「ＷＩＴＨ ＡＬＳ ＫＩＤ君」です。

このキャラクターを考えるにあたって、僕の心にはひとつのストーリーがありました。

＊

ＫＩＤ君はやんちゃな男の子です。

ある日、倉庫の中でほこりをかぶった赤いバケツを見つけました。

「あっ、これは……」

眼をキラキラさせたＫＩＤ君は、そのバケツをかぶってよたよたと倉庫を出てきました。

「何やってるの？」とママの声。

ＫＩＤ君は言いました。

「ぼく、このバケツ知ってるよ。パパが見せてくれた昔の YouTube で、パパはこのバケツでお水かぶってた。だから、ぼくもこのバケツかぶることにしたんだ」

パパとママは思わず顔を見合わせました。

パパは4年前、「アイスバケツ・チャレンジ」をしました。そのときのバケツがこれでした。この間、古い映像を見返していたとき、ＫＩＤ君はパパがこのバケツで氷水をかぶって水びたしになったところを見て覚えていたのです。

その日から、ＫＩＤ君はずっとバケツをかぶり続けました。

「バケツかぶりはもういいかげんにしたらどうだ？」

なにげなくパパが言いました。

「どうして？　いつも『一度始めたことは、最後まで続けなさい』って言うじゃないか。

なのに、パパたちはもうバケツをかぶらない。続けなくていいの？　そんなのおかしくない？　大人は勝手だ！」

KＩＤ君の言葉に、パパもママもハッとしました。

「アイスバケツ・チャレンジ」が何の目的のものだったかを思い出したからです。

「そうだな、おまえの言うとおりだ。パパたちは大事なことを思い出したよ。忘れないように、ちゃんと書いておこう」

パパはそう言うと、KＩＤ君とふたりで、

お気に入りの赤いバケツの前面に

「KEEP MOVING.」

後ろの面に、

「OVERCOME ALS」

と大きく書きました。

KＩＤ君はこのバケツがますます好きになり、ずっとかぶり続けています。

© 「WITH ALS」

「WITH ALS」のキャラクター
「WITH ALS KID君」

＊

僕らは、行動し続けていくことの大切さを、このキャラクターに込めたいと思いました。
今、自分にできる行動を続けること――それが明るい未来を築く力になると信じているからです。

行動し続けることが明るい未来を拓く道

2014年の「アイスバケツ・チャレンジ」の盛り上がりは、本当にすごかったと思います。

©「WITH ALS」

日本での寄付も、2014年8月の2週間だけで2700万円を超えました。それまでの1年間の寄付の4倍相当の額だったといいます。賛否両論ありましたが、ALSという病気のことを世の中に広く知ってもらう大きなきっかけになったことは確かです。

ただ、僕が残念に思うのは、あれが一時のブームのようなかたちで終わってしまったことです。

ALSは、撲滅できる病気になったわけでは決してありません。今なお、治療法は見つからず、世界中で多くの患者さんたちが苦しんでいます。

しかし、ひとりが始めた行動が、大きなウェーブになることが「アイスバケツ・チャレンジ」では実証されました。

このように、一人ひとりが、それぞれ自分のできることの範囲で「KEEP MOVING」してほしい、行動し続けてほしい、僕にはそういう思いがあります。その歩みが、未来を変えるんです。

僕は今年、気管切開手術を受ける予定です。命の期限、延命の意味といったことを日々リアルに感じています。今年は、僕自身のテーマも「KEEP MOVING」です。ALSを治る病気にするために、今、自分にできる行動を続けていきたいと思っています。

あなたが医療関係者であったら、それは治療法や治療薬の研究・開発かもしれません。

あなたが看護や介護関係に携わる人だったら、それは看護・介護のあり方を考えることかもしれません。

あなたが技術者であったら、新たなテクノロジー開発の探求かもしれません。

あなたが役所勤めだったら、難病支援に対する知識や理解を深めることかもしれません。

あなたが難病とは何の接点もない日常を送っていたとしても、クラウドファンディングのプロジェクトに支援の手を差し伸べるとか、基金の趣旨に賛同してTシャツを購入するとか、一人ひとりにできることが何かあります。

長い人類の歴史の中で、意志ある人たちが「何か」行動し続けてきた結果、今のような世の中に変わってきたのです。

だから、今自分にできることを、少し勇気を出してやることで、きっと世の中はもっとよくなっていくのです。


僕が、行動し続けることの大切さを感じるようになったのは、スティーヴン・ホーキング博士の存在が大きいです。

ホーキング博士は、ALSという病気でありながら、いち早く視線入力や音声合成というテクノロジーを取り入れ、物理学、現代宇宙論の研究を50年以上続けられました。2018年3月14日に亡くなられましたが、どんな状況になっても行動し続け、76歳まで生きられました。

その姿勢は、多くのALS患者、いえハンディキャップを背負ったすべての人に、勇気と希望を与えてくれました。

「障害者を、孤独の中に閉じ込めるべきでない」

博士はそれを、身をもって実践されてきた方です。

生き続ければ、きっと明るい未来が待っていると思います。

僕は、ホーキング博士から偉大なバトンを受け取ったつもりで、いろいろなテクノロジーを駆使して、行動し続けていくことを自分の使命だと思っています。

20年後に向けた未来予想図

6月21日は「世界ALSデイ」です。

僕らは毎年、「WITH ALS」としての新たな活動を、世界ALSデイに発表してきました。

今年は、「20年後の未来、必ずALSは治る病気に」というコンセプトで、眼で奏でる世界初のMUSIC FILMを制作、発信したいと考えています。

20年後の2038年、ALSという病気はどうなっているか、どんな社会ができているか、僕らなりの熱いメッセージをこめたものになる予定です。

ALSに苦しむ患者さんは、現在、世界中に約35万人いるといわれています。僕らは、日本国内だけでなく、

Finally, we see a classroom in which a teacher and a group of children are reading from a digital board: How we ended ALS... We see Masa peering in through the window: he looks overjoyed.

世界に向けて広くこのメッセージを発信したいと考え、アメリカを拠点として映像制作の分野で優れた才能を発揮している集団「Cutters Studios（カッターズスタジオ）」をはじめ、世界最高峰のチームとタッグを組んで、制作に取り組んでいきます。

僕たちだけの力では実現が難しいので、クラウドファンディングによってみなさんのご支援をいただくことにしました。みなさんからのあたたかなご支援のおかげで、目標金額に到達し、鋭意制作を進めています。

完成後は、YouTubeやSNSで日本中、世界中に発信していきますが、まずは2018年の世界ALSデイに先駆け、「WITH ALS」が主催するALS啓発音楽フェス「MOVE FES. 2018（ムーブフェス2018）」で公開し、実際に会場で僕がEYE VDJのライブをやろうと計画しています。

「MOVE FES.」とは、「WITH ALS」に賛同し、サポートしてくれるアーティストが集い、明日への「MOVE」のきっかけを創る音楽フェスです。

2018年6月、東京の会場で、あるいはYouTubeで、ぜひ僕らの思い描く20年後に向けての未来予想図に触れていただければと思います。

ALSが治る未来を想像したMUSIC FILMの絵コンテワンシーン。

もうひとつの夢、垣根のない社会

「ALSが治る病気になる社会」と共に、僕が夢見ているのが、「健常者と障害者という垣根のない、BORDERLESSな社会」です。

ラジオで、パラアイスホッケー選手の上原大祐さんにゲスト出演していただいたことがあります。

「パラアイスホッケーというのは、障害者だけのスポーツではないんです。みんなが脚を使わない、すなわち脚をオフにした『オフスポーツ』なんです」

上原さんはそう言い続けて、健常者向けのパラスポーツ体験会をいろいろやっているそうです。

ハンディがあるのは不利なことではない、かわいそうなことでもない、という認識を拡げていくには、そういった「心のバリアフリー」化を進めていくことが僕は大切だと思います。

パラリンピックなどを見ていると、障害者の記録が健常者の記録を塗り替えるといったことが起きていますね。

義足などの性能が上がったことも関係しているでしょうが、決してそれだけの問題ではないと僕は思います。ハンディがあるからこそ、今使えている筋肉がより発達して、健常者のもつ力以上のものが発揮できるといったことがあるのだと思うのです。

ハンディがあることが、アドバンテージになることもある。こういう認識を多くの人がもっともてるようになれば、やがては、ハンディがあること自体がひとつのブランドになる、といったことも起きてくるでしょう。リブランディングです。

スポーツの世界だけでなく、エンターテインメントでもそういうことはいろいろできるんじゃないかと思います。

ダイバーシティという言葉をあちこちで見かけるようになりましたが、理想とはまだまだ距離があります。本当のダイバーシティというのは、健常者だ、障害者だという文脈を超えた社会だと思うんです。

その垣根を越える挑戦を僕はしたい、そのために「KEEP MOVING」を続けていきます。

ALSと共に2――未来へ

結婚

ALSと宣告を受けた2014年秋頃、僕はちょうど人生の大事な決断をしようとしていた。当時付き合っていた彼女に、プロポーズすることを考えていたのだ。

僕らは2013年の夏に知り合い、付き合いはじめた。早い段階から、僕には「この人と結婚したい」という気持ちがあった。だが、それは病名がわからないまま、少しずつ症状が進んでいた時期でもあった。

ALSとはっきり宣告を受け、自分がプロポーズしていいものか、大きな葛藤が生まれた。苦労をかけてしまうのは目に見えている。僕と歩む人生が、はたして彼女にとって幸せだろうか。

本当に悩んだ。

たとえ返事が「ノー」だとしてもいい、とにかく自分の気持ちをストレートに伝えよう、挑戦しないであきらめることはしたくない、と覚悟を決めた。

そして——僕は人生の伴走者を得た。

2015年5月5日、僕と木綿子は結婚した。

軽井沢で挙げた結婚式では僕はまだ自分で歩いてエスコートすることができたし、彼女の指にしっかりとリングをはめることもできた。

彼女を悲しませないためにも、絶対にこの病気に負けない。

立ちはだかる壁を越えて、越えて、越え続けて、ALSが治せるようになるまで生き抜くんだ、そう誓った。

実生活の苦悩

僕は、病気の進行が比較的ゆるやかなほうだ。とはいっても、徐々に動かなくなっていく部位は拡がっていった。

２０１５年1月1日、YouTube 動画でＡＬＳであるとカミングアウトしたが、仕事上で病気のことを配慮してもらうのはイヤだったので、できるだけ症状に気づかれないようにしていた。しかし歩きにくくなりはじめると、それにも無理が出てきた。

今の仕事も好きだし、博報堂という会社も大好きだったが、どこかのタイミングで今の環境から離れることを考えなければならないと思うようになった。

これからやりたいことは、すでにクリアになっていた。広告マンとして培ったノウハウを活かしながら、ＡＬＳの認知・啓蒙啓発活動、ＡＬＳをはじめとする難病患者のための支援活動をする。そのための布石も打っていた。

両親、妹や弟、周囲の仲間たち、みんな僕のためにさりげないサポートをしてくれる。どれほど助かったかわからない。

だが、身体がどんどん動かなくなっていくというリアルな現実にもっともシビアに直面することになったのは、日常生活を共にしている妻だった。

箸が持てなくなってからはスプーンやフォークを使っていたが、やがて自分で口に運ぶことができなくなった。食べさせてもらわなければならない。

着替えも、自分では何ひとつできなくなった。

トイレのたびに、パンツの上げ下ろしもしてもらわないといけない。

入浴も、自分では何もできない。今でこそ体形がすっかり変わったが、かつての僕は身長178センチ、体重76キロと体格がいいほうだったので、その男を女性の力で動かすことは楽ではない。

自分も仕事をしながら、僕の身の回りの世話はどんどん増えていく。

妻に負担をかけていることはわかっているのだが、彼女だから僕は安心してすべてを委ねられるのだ。

そして相手が彼女だからこそ、僕は不満も吐露するようになった。

「木綿ちゃん、痛い。もう少し優しくしてくれない？」

「そうじゃなくてさ、こうしてほしいんだけど……」

僕の言葉に、一瞬固まる妻の動き。

感情が爆発して、そこから言い合いになることもあった。彼女が泣き出してしまうこともあった。

「ああ、僕は何やっているんだ、彼女を幸せにするんじゃなかったのか……」

激しいジレンマがあった。

それでもやってもらわなければならない日常は続く。

介護のプロによるサポートを具体的に考える

「このままではダメだ。どうすればいいだろうか」

ＡＬＳの患者同士として知り合った、病気の先輩であり、人生の先輩でもある人に相談してみた。その方は気管切開をしているが、視線入力でコミュニケーションをとりながら、たいへん活発に行動していらっしゃる。

教えられたのは、家族に頼りきらない介護体制の重要性だった。

家族だけに介護してもらおうとすると、どうしても過剰な負担がかかってしまい、疲弊を招く。肉体的、精神的な過度のストレスが、お互いの関係性に影響を与えるというのは、どこの家庭でも起こることなのだという。これはALSに限ったことではなく、他の難病の場合でも、あるいは高齢者の介護でも同じらしい。

僕は20代という若年で発症したため、介護保険制度による支援サービスを受けることはできない。しかし障害者総合支援法に基づいて、公的支援を受けることはできる。そういう介護サービスを有効活用したほうがいいと勧められた。

基本的に、黙っていても行政のほうから何かをしてくれるということはなく、当事者から「どれだけ必要としているか」ということを訴えかけ、ケアマネージャーさんに動いてもらえるように働きかけていく必要がある。

ALSの場合、症状が進めば、今後いっそうヘルパーさんの介助を必要とするようになる。自分の病状が悪化していくことからは眼を背けたくなるものだが、そこはむしろ逆転の発想で、これから起こりうることを早めに想定してその場合にどうしたらいいか、先手、先手で対応策を考えておくほうが先々に対する不安を和らげることになると、貴重なアドバイスをいただいた。

早速、訪問介護というかたちでサポートを受けられないか、僕は動いてみた。

その結果、2017年4月から、ヘルパーさんに来てもらえるようになった。

先輩の言うとおりだった。「すべてを自分がやらなくてはいけない」という重荷から解放されると、妻の表情はみるみる穏やかさを取り戻していった。

彼女の笑顔が見られるのは、僕にとって最高の幸せだ。

先手、先手で対処する

今後起こりうることに対しての対処法は早め、早めに行う——、このことを僕は肝に銘じている。

2017年6月末、胃ろうをつける手術をした。

胃ろうとは、口からものが食べられない人の栄養補給のために、腹部に孔を開けて管を通して胃と直結させ、そこから流動食を流し込む装置のことだ。

まだ、咀嚼《そしゃく》機能も嚥下《えんげ》機能も、そこまで衰えていない。食事は口から摂《と》ることができる。現時点では、胃ろうを使うのは溶かした薬を流し込むときぐらいだ。

だが、身体機能がもっと衰えてからやるよりも、元気なうちにやっておいたほうが身体への負担が少ない。万一、口から水分や栄養が摂取できなくなってしまった場合に備え、先手を打った。

しゃべれなくなったときのために、音声合成用の声の録音もすでに済ませたことは、Chapter4で書いたとおりだ。

音声合成の技術が目覚ましく進歩していることは、とても大きな希望になっている。物理的に声を失っても、自分の声でコミュニケーションをとる方法は失わないんだということが、大きな安心材料になった。

さらに今、僕が挑戦しているのは、脳波の活用だ。

眼が動かなくなってしまっても、脳波を使ってコミュニケーションができれば、ALSの患者さんたちがいちばん恐れている外部とのコミュニケーションが断たれてしまう状態、「ひとりぼっちで、動かない身体の中に閉じ込められる恐怖」から救い出すことができる。外の世界とつながり続けることができるのだ。

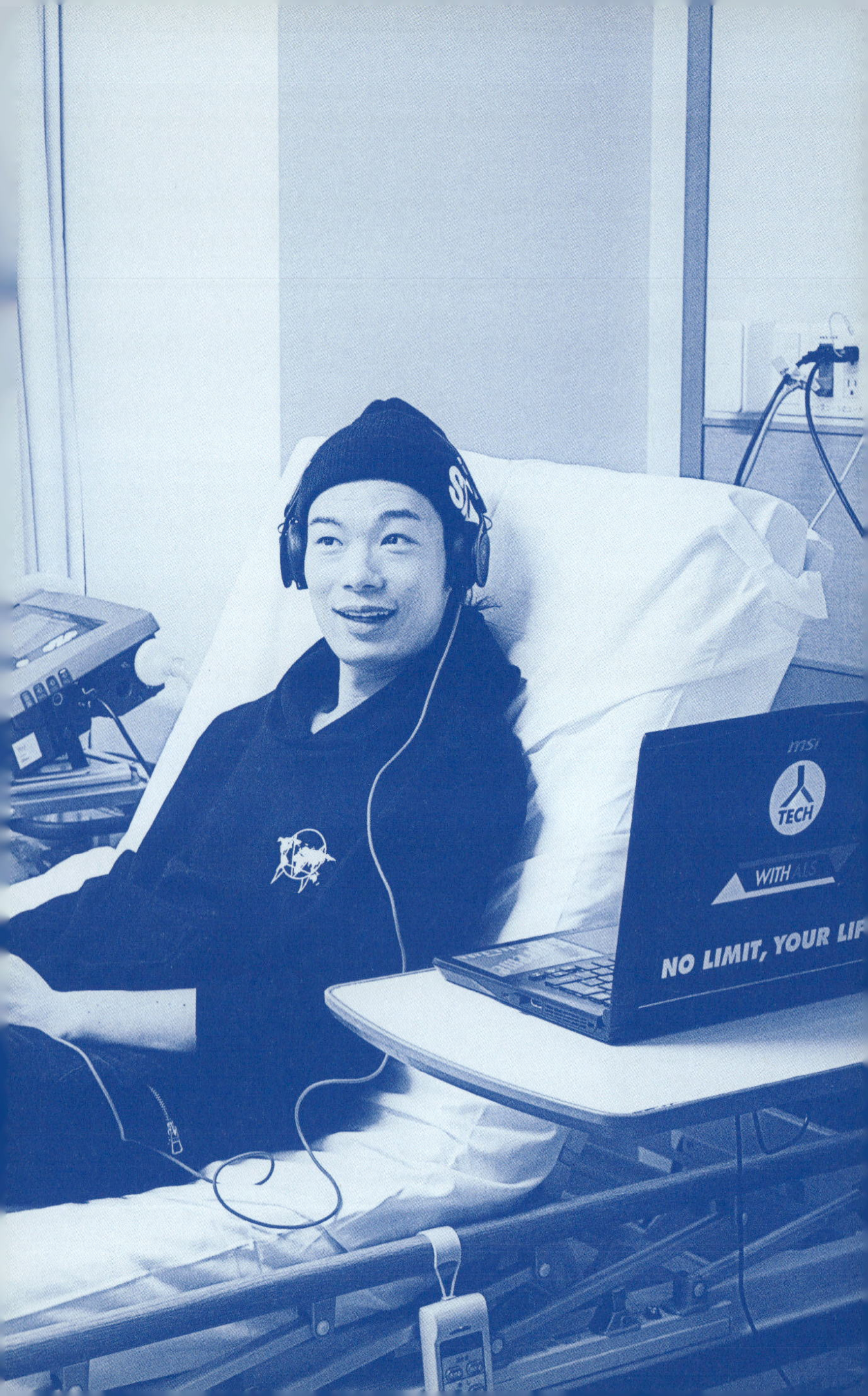
msi
TECH
WITH ALS
NO LIMIT, YOUR LIF

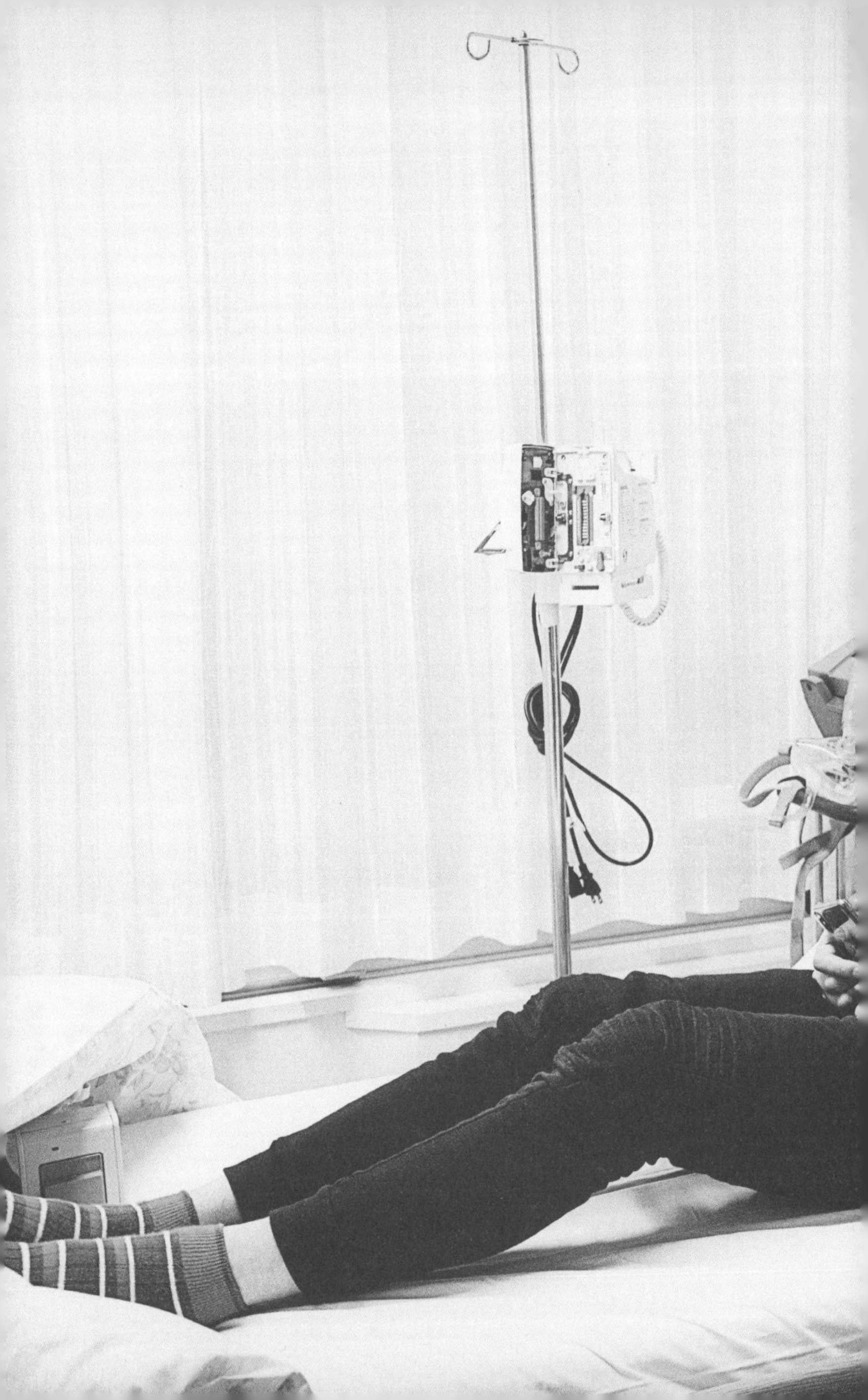

僕はそういう未来を具体的に思い描いて、次のアクションを起こしている。

脳波と音楽で意思疎通ができたら

独自の脳波計測システムを開発して脳の信号処理の研究をされている研究者の方がいる。慶應義塾大学理工学部の満倉靖恵教授だ。

満倉教授は、この計測システムを使って、興味・関心度や好き・嫌いなどの感性をリアルタイムに把握することを、電通サイエンスジャムさんと共同で研究し、実現されていた。

僕は脳波の取り組みについては2年ほど前から知っており、実用化に向けて何かアイディアがないものかとずっと考えていた。

僕の頭にあったのは、音ないしは音楽の効果を活用することだった。

僕らの脳は、ある音楽から固有のイメージを想起する回路が非常に強い。ＣＭ制作のときには、音やサウンドロゴによる刷り込みの効果というものを相当考える。実際に脳波の動きとどう関係しているのか専門的なことは僕にはわからないが、それが何かヒントになるのではないかと考えていた。

音声合成に関して、東芝デジタルソリューションズ「コエステーション」の技術を間近に知ることができたことも大きかった。もし、その人が思っていることを脳波計測で読み取って、言語とつなげることができれば、それを自分の音声合成で語らせることができるはずだ。そういう思いをもつようになった。

それで満倉教授にコンタクトをとって、「コエステーション」プロジェクトリーダーの金子祐紀さんと共に、僕自身が実験台になってコラボ研究ができないだろうか、とお話ししてみたのだ。

プロジェクトはスタートした。

今、実際に脳波を計測する実験を続けている。

まずワイヤレスヘッドギアを装着し、脳波のデータがタブレット端末に送られるようにセットする。そして、たとえば、「トイレ」をイメージするメロディを流す。それに対して、今、トイレに行きたいと思ったら「イエス」、思っていなかったら「ノー」と意思表示する。

短いメロディの音楽は、他にもいくつか用意してある。

着替えがしたい、のどが渇いていて飲み物が欲しい、痰の吸引をしてほしい、など。脳波に反応しやすいのはどんな音だろうかと考えて、僕らで作ったものだ。

毎日、データをとっている。

これで、脳波でイエス、ノーがはっきりデータ化されることが実証できれば、そのメロディにイエスと反応したときには、合成音声で、

「トイレに行きたい、お願いします」

と僕の声で読み上げることが可能になるはずだ。

脳波で意思伝達ができ、それを自分の声で伝えるというアプリを開発するために実験を繰り返している。

未来に希望がもてるようなテクノロジー開発のために、これからもアイディアを出し続け、果敢に挑戦し続けていきたいと思っている。

介護体制の充実は「時間」の確保と「人」の確保

「武藤さんは今、何時間？」

「僕は280時間です」

ALSの患者仲間の方たちと会うと、よくこんな会話をする。

これは、公的支援を受けて介護者に入ってもらえるひと月当たりの時間だ。

ALSは、究極的には24時間フルに介護の手が必要になる。これを家族に任せていたら、家族も共倒れになってしまう。だから、それぞれ自分の要介護度を見極めながら、行政に申請して、公的支援のもとに介護者に入ってもらう時間を確保するための闘いをする。

介護保険に適用される年齢に達していないことは、ここでもハンディとなる。僕は当初、障害者総合支援法による居宅介護ということでヘルパーさんに入ってもらっていたが、時間が短いうえに、サポートしてもらえることがかなり限られていた。

そこで、家族だけに頼らない介護体制を構築していくためにも、重度訪問介護という支援を受けることにした。

その結果、現在確保できているのは月280時間。一日約9時間。18時になるとヘルパーさんがいなくなるというのは、そういうことだ。

今後、気管切開をして人工呼吸器をつけると、夜間でも痰の吸引などが必要になる。24時間介護、月720時間を目指して、時間を延ばしてもらうための申請をし続けないといけない。これは、ほんとにシビアな闘いだ。

なかには重度訪問介護で816時間を行政に申請、実現することができた方もいる。たとえ時間確保ができたとしても、その時間分の人材を見つけられるかが第二のハードルとなる。

介護の業界は、慢性的に人手不足だ。人が増えても、ほとんどが高齢者介護のほうにまわってしまう。なぜなら、重度障害者の介護よりも高齢者介護のほうが時間は短く、時給が高いからだ。だから、獲得した時間分のヘルパーさんを実際に確保するのはなかなか大変なのだ。

ここはALSのみならず、難病や重度障害のある人たちがみんな困っている問題である。

介護される側も、自分たちで介護体制を整えていくことを考えなくてはいけない。僕たちも、「WITH ALS」として、訪問介護やデイサービスといった介護支援領域でも何か貢献できないかと考えている。

今の時代、人材を潤沢に確保するのはむずかしい。人間だからできることも大事だが、それプラス、テクノロジーの力を有効活用することを考えないと、やはり立ちゆかない。だから、僕はテクノロジー、テクノロジーと言うのだ。

分身ロボット「OriHime（オリヒメ）」の開発者である「オリィくん」こと吉藤健太郎さんとよく話していることがある。

「いずれ、自分が視線入力などで介護ロボットを動かして、自分で自分の介護ロボットに介護してもらうみたいなやり方だって、可能になってくるね」

もちろん人のサポートは不可欠だが、テクノロジーを上手に使っていけば、できることはいろいろある。

人と人とのコミュニケーションの力、そして新しいテクノロジーの力、ふたつは誰もが幸せに生きていくための大事な両輪だ。

気管切開への覚悟

やがて気管切開をすることになる——このことが、僕は正直、怖くてたまらなかった。食事が摂れなくなる、定期的に痰の吸引が必要になる、唾液などを誤嚥して肺炎にかかるリスクが増える、そして何より声を徐々に失うといわれていた。閉ざされていく世界。苦しくて暴れまわりたいくらいの衝動に突き動かされていても身動きひとつできないのに、さらに声を発することさえも奪われる。しかし、気管切開をして気道を確保しないと、呼吸困難に陥る。「いったい、どんな拷問なんだ！」と思った。

しかし、理解を深めていくことで、そして自分でもいろいろ対応策を講じることで、少しずつ不安を和らげることができるようになった。

まず、気管切開をすること、イコール声を失うことではないことを知った。「スピーチカニューレ」といって話すことができる管があり、気管切開後にもそれを使えば話すことができるようになってきている。

気管切開にも、いくつか術式がある。

たとえば、気管と食道を分離する「喉頭摘出術」。気管と食道とが完全に分離されるので、誤嚥性肺炎の危険性はなくなる。ただし、喉頭蓋と共に声帯を切除することになるので、完全に声を失うことになる。

「声門閉鎖術」という方法もある。これは声門を結び合わせて、食べ物や唾液が気管に入ることを阻止するもので、手術時間も短く、呼吸への影響なども少ない。

これらの場合、誤嚥リスクがなくなるだけでなく、痰の吸引の回数も少なくて済み、口からものを食べることができるというメリットがある。刻んだりして食べやすくする手を加えてもらう必要はあるが、口から食事を摂られている方もいる。胃ろうで栄養は入れられても、自分で食事ができることとは意味が全然違う。食べることができている方たちのほうが、幸福度が高いように見受けられるときもある。

ただ、僕としては「ALSは治る病気になる」と信じているからこそ、声帯を残しておきたいという気持ちもある。悩ましい問題だ。

発声機能、嚥下機能、呼吸機能などの状態を見ながら、どういう方法で手術を受けるのが最適か、今、先生と相談している。

ＡＬＳ患者が「生きたい」と自由に言える社会に

ＡＬＳの場合、気管切開は一時的な気道確保を意味しない。人工呼吸器を装着するかどうかという重要な決断となる。

日本では、気管切開による人工呼吸器装着を選択するＡＬＳ患者さんは約30％といわれている。だが、アメリカやイギリスでは人工呼吸器装着率は５％以下、日本は世界でも装着率が高いほうなのだ。

なぜこれほど装着率が低いのか。

それは、これが「延命措置」と認識されているからだと思う。ただ命を生き永らえさせる方法だととらえることが、ＡＬＳの場合にもあてはまるのか、僕は大いに疑問だ。

介護問題にもつながるが、自分が生き続けることが家族の負担になるのではないかと考えると、人工呼吸器をつける決断に迷うのはわかる。

僕自身は気管切開手術を受けることをすでに決断している。だが、気持ちが揺らぐのは、妻とか家族、仲間に負担をかけたくないという思いが湧くときだ。これからどんどん症状が進み、僕がいることで負担をかけ続ける、みんなの人生を台無しにすることになるんじゃないかと考えると、「この決断でいいのか」と思う。

だから、人工呼吸器につながれて生きる選択はしない、と考える人が多いことも、僕自身わからなくはない。

しかし、「生きたい」と願わない人間がいるのだろうか。

自分の存在が家族を苦しめることにならないような体制が確立されていたら、状況はもっと変わってくるのではないか。

「生きていても仕方ない」とか「これ以上、周囲に迷惑をかけてまで生きていたくない」と思わせてしまう状況が、難病患者の生きる意欲を削《そ》いでいるのではないか。

人工呼吸器を装着するか否かは、どちらがいい悪いという問題ではない。どちらを選択するかはその人の考え方次第だ。だが、考えるにあたって、「生きていたい」という根源的な欲望を押しのけてしまうような社会であってはよくないと、僕は思う。

選択する自由が一人ひとりにあるべきだ。そういう世の中であってほしいと思う。

そして、気管切開が、「延命のための措置」というとらえ方ではなく、病気とうまく付き合っていくためのプロセスの一段階になっていってほしい。そうしたら、みんなもっとこの治療法を暗く考えずに受けられるようになるだろう。

僕は、人工呼吸器を装着しても、自分らしい人生を送れるということをメッセージとして伝えたい。

ALSのような難病の苦しさは、病気そのものだけではない。

自分自身の人生観、死生観から、家族への思い、介護問題まで多岐にわたる。本当に「あきらめない」という意思を持ち続けるには、やはり希望がいるのだ。

だから僕は、必ず治す、病気を克服するという思いで、これからもこの病気と向き合っていく。

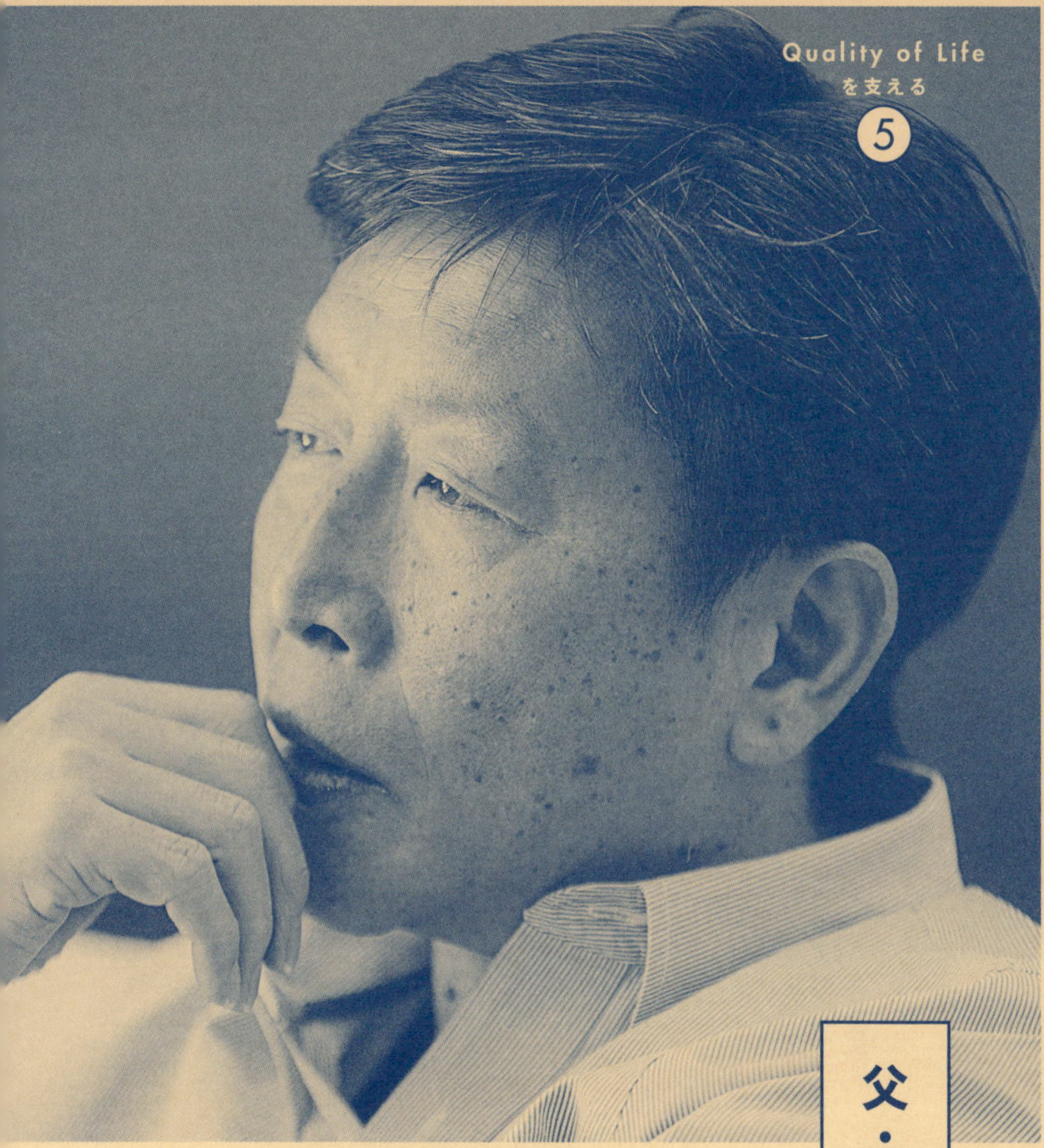

父・武《む》藤《とう》真《まさ》登《と》

障害を特別視する
眼に慣れるな。
ハンディを
飛び越していけ。
きみは僕の自慢の
息子なのだから。

僕らの距離感

将胤と僕は、彼が5歳のときに出会いました。

そして、彼は僕の息子となりました。

どうやって僕らが関係を構築してきたかというと、キーワードは「男同士」でした。

僕は仕事が忙しくて家にいないことも多いから、僕が不在のときは僕の代わりに、男として母を守ってくれ、と。妹、弟が生まれてからは、兄として、一家の主《あるじ》としての僕のサポートをするリーダーとして、このユニットを守ってくれ、と。

親父と息子ではあるのですが、ベタベタした親子関係ではなく、一家を支えていく「パートナー」的なスタンスで、互いを認め合い、絆を深めてきたのです。

認め合っているからこそ、厳しい目でアドバイスしたり、指摘したりもしました。

社会人になり、将胤が僕と同じ広告の世界に入ったことで、僕らの間には同業種の先輩と後輩という関係もできました。

僕の贔屓目でなく、将来がとても楽しみな男になりましたよ。

その彼を、難病が襲った。

僕は、悲しいというよりも、ものすごく残念で、悔しい思いでした。

もしALSになっていなければ、彼は一流の広告マンとしてもっと成長し、もっともっと活躍したでしょう。きっと勝ち上がっていくことができた、そういう確信が僕の中にはあります。それは、創造性やイマジネーション、積極的に物事に取り組んでいく姿勢、ガッツ、柔軟な発想といったものを彼がしっかりと持っているからです。

また、そのために彼がどれだけ努力していたかも知っています。だから、彼の前途が、未来の可能性が、ALSという病気で奪われることに対して、不条理だ、ひどい、と憤りが湧きました。

一方で、思いのほか冷静に、事態を俯瞰《ふかん》している自分もいました。もちろん悲しいという感情がないわけではないのですが、それよりも「この状況下でできることは何なのか」「今、僕が彼にできることは何なのか」と、現実的な対応のほうに気持ちが向かいました。

将胤のほうも、母親にはいろいろ心情を吐露しているのでしょうが、僕にはほとんど弱音を吐きません。

「これについて意見を聞きたい」

「こういうことを手伝ってもらえるだろうか」

ということは言ってきますが、それ以上、親に寄りかかろうとはしません。

彼の中には、どこかで僕に対する遠慮があります。僕を巻き込みたくないと考えているのだと思います。

だから、僕がこうして自分の本の中に登場して話をするとも思っていなかったんじゃないかな。

父親と息子とはどこもこのようなものなのか、僕らの関係が特殊なのかはわかりませんが、これが僕と彼との距離感なのです。

「結果を出す」ことを求めた

父親とは、社会のルールを教え、どうやって勝ち残っていったらいいかを教える役割だと僕は思っていますから、その点では口うるさく厳しいほうだったかもしれません。

ヤワな男になってほしくなかったから、けっこうハードにスポーツなんかを仕込みましたが、もともと運動神経がよく、負けず嫌いなので食らいついてきました。

ただ、勉強のほうはイマイチでした。

「テストの平均点を上げることに何の意味があるの?」

というタイプで、勉強は好きではなかったと思います。

高校のときもあまりにやらないので、親がよく学校に呼び出されました。

中学、高校時代は、自分の思いがうまく遂げられないというか、満たされないものを抱えていたと思いますよ。もっとも、この時期は誰でもそんなものかもしれませんが。

そんな状況ですから、受験がうまくいくわけがありません。

「1年浪人させてほしい」

と言うので浪人したものの、結局、勉強に本腰を入れて取り組むことができずに、本人としては不本意な結果を迎えます。

「失敗から学べ。これからどうしていくか次第で、それは失敗ではなくなる」

と僕が言ったと彼は言うけれど、僕はよく覚えていません。

自分としては、

「結果を出せ」

「結果を出すためにはどうしたらいいか、もっとそれを考えて生きろ」

みたいなことを強く言ったつもりです。

自分の武器を見出した大学時代

彼が進んだ大学は、学力でいえばトップレベルではありませんが、結果からすると彼にとってはとてもいい選択となりました。

当時の友だちとは今も親交が深いようですが、がつがつしていなくて素直、およそ人の足を引っ張るといったことをしない、いい仲間に恵まれたのです。

みんなを取りまとめ、リーダーシップを発揮するチャンスにも恵まれました。

一人暮らしをするようになって、自立心も育まれました。

大学時代に、彼はどんどん変わっていきました。

その環境の中で、のびのびと自分の個性を伸ばすことができました。自分らしさを見出して、おのれの武器を磨いていったのです。

親は勝手なもので、子どもについトップレベルを求めてしまうところがありますが、そうでなくても自分を磨いていけるいい環境、価値ある学びの場があるということを、彼は僕に実証してみせてくれました。

就職活動にはすごく前向きに取り組んで

いて、博報堂の前にいくつか内定をもらったところもありました。

競争率の高さから、博報堂に入れるかどうかは運だと僕は思っていました。しかし、どっちの結果になろうと、あまり心配はしていませんでした。

その段階では、自分が目指すこととか、やりたいこと、物事への取り組み方が非常にしっかりし、頼もしい青年になっていたので、どこに行ったところでうまくやっていけると思っていましたから。

ハードな競争に勝ち抜き、念願を果たして広告マンとなりました。

意気揚々とやっていたのですが、それからわずか4年後に、病気になってしまったわけです。

ガッツのある男になった

僕は仕事柄、彼のいた会社にも知人が多いので、客観的な評価も耳にしました。

いろいろユニークなところがあるのですが、「非常に吸収力がある」というのはよく聞きました。

就職試験にしても、3次、4次とたくさん面接があります。一回面接を受けると、相手が自分にどういうものを求めているかをすっと吸収して、次はそれに応えられるようになっている。吸収して、成長していくプロセスが速いというのです。

それから、人の懐にすっと入ってしまえる強みがあるとも聞きました。応援したくなるものをもっているというのです。

なるほどなあと思いました。親父としても納得の部分です。

広告の世界に入ってから僕がよく言ったのは、

「博報堂のレジェンドになれ」

ということです。

広告の世界は伝説化されるまでにならないと認められません。その他大勢に甘んじていたら、忘れられてしまいます。

とにかくトップランナーになれ。

ひたむきにトップを走り続けろ。

伝説的エピソードを生み出せ。

レジェンドになれれば、その先独立してからも広告の世界でしっかりやっていけます。

僕は「結果を出せ」「勝ち残れ」と、ずいぶん言いました。

そんな言葉が彼の中に染み込んでいったのでしょう。

東京の大学病院で検査入院を勧められたときの光景が、今も鮮明に記憶に焼き付いています。

3週間くらいの入院になる、なるべく早いほうがいいと医師から言われ、いつからいつまでと日にちを指定されたのです。

その後、診察室の更衣室で彼は号泣しました。

「その時期に入院することになると、長い

時間をかけて仕込んでいた仕事の現場をギブアップしなければいけない。半年かけてやってきたのに、一番大事なところに立ち会えなくなるなんて悔しい……」

と言う。

こんなに悔し泣きするまでに仕事にこだわりを持つようになったのか、とちょっと驚きました。そして泣いている息子を見ながら、

「こいつはなかなかガッツのある男になったな」

と、まったく関係ないことを思ったことが、自分の中に印象深く残っているのです。「深刻な病気の可能性があるというのに、俺はなんでこんなことを考えているのか」と、自分自身ハッとしたのでよく覚えているのです。

病名の宣告

東北大に行く時点で、ALSではないかというのは8割方、予想がついていたのです。

しかし、そのときかかっていた大学病院の医者は、明言をのらりくらりと避けていました。それだけではなく、

「やれることは何もない。治療法はない」

とシレッと言ったのです。

そこで、将胤が食い下がって聞いたのです。

「だったら、僕は死ぬのを待つだけなんですか?」と。

すると、

「だから、軽々しくALSであると診断できないんですよ」

と言ったのです。

あれには打ちのめされました。これが医者が患者に言う言葉かと愕然《がくぜん》としました。

「こんなところに二度と来るか」と僕は思いました。

その後、知人から、

「東北大のALS研究の第一人者といわれている先生が、今、新しい治療法を確立しようとしている。その先生に診てもらってはどうか」

と教えてもらい、セカンドオピニオンを仰ごうということになったのです。

その日、僕と将胤とふたりで仙台に向かう新幹線に乗りました。

そして初診で、教授からALSであると告知を受けました。

僕自身はその前の大学病院でのやりとりに打ちのめされていたので、この日はそれほどショックを受けず、むしろ「はっきり言ってもらえてよかった」という気持ちでした。

しかし将胤自身はそうではなかったようでした。やっぱり恐れていた病気だったということが、想像以上につらかったようです。

仙台からの帰り

帰りの新幹線の2時間で気持ちを切り換えたと、将胤自身は言っていますが、僕は

あの日のことはなぜか記憶が薄ぼんやりとして、はっきりとは覚えていないのです。

新幹線の中で僕が、

「可能性は高いとわかっていて、その白黒をつけに行った。それで黒だと判明したわけだから、これはもうしょうがないな」

みたいなことを言うと、小さく、

「うん」

とうなずいていたような覚えがあります。

他にどんな話をしたのか、ふたりともわりと押し黙ったままだったかもしれません。

東京に着く間際に、

「ALSになったことは自分の宿命だと思う。自分としては受け入れて、与えられた使命として啓発活動をしていきたい。ALSになったことで担った役割を果たしたい」

と、たしかに彼は言っていました。

啓発といっても、まだ何をするとも具体的に考えていたわけではないと思います。漠然としながらも、ALSであることを受けとめる意思を固めたのでしょう。

「新幹線に乗るときは悄然としていたのに、よくそこまで心を整理できたな」という印象がありました。

それから、仙台の病院に何度一緒に行ったかなあ。

大事なことをよく覚えていない一方で、他愛ないことなのにやけに鮮明に覚えていることもあります。

仙台駅の新幹線の乗り口近くに、カウンターとテーブル席が3つぐらいの小さな寿司屋があります。地元の水産業者がやっている店で、うまいという評判を聞き、あるときから病院に行った帰りに将胤とふたりで立ち寄るようになりました。

最初は、ふたりでカウンターに座って寿司を食べました。その頃はまだ箸が使えました。

その次は、箸が使いにくくなったので、手でつまんで食べました。

その次は、僕が口に入れてやりました。

そして車いすになってカウンターに座れなくなったので、テーブル席のほうに座るようになりました。

新幹線の時間ギリギリまで寿司を食うのですが、車いすになってからは、ホームに出るまでに時間がかかるようになったから、早めに店を出るようになりました。

3カ月に一度、その店に立ち寄るたびに、病状は少しずつ進み、僕らの状況は少しずつ変わっていきました。

最近は仙台の病院には僕は一緒に行かなくなったけれど、なぜかふたりで寿司を食ったときの光景は、妙に脳裏に焼き付いています。

その吸収力、適応力に感服する

僕が29歳のとき、親父ががんで急逝し、跡を引き継ぐ必要が出てきて僕は電通を退社しました。入社7年目のことです。その後、制作会社を興しました。

将胤が博報堂を退社することになったのもまた、入社7年目のことでした。彼は自分自身の病気のために。

彼の病気をきっかけに、日本は本当の意味で弱者を救済するような社会制度が整っていないことを、僕は具体的に知るようになりました。そして、国の怠慢さに腹立たしさを感じるようになりました。

彼のような病気になった人間が、自立して次のチャレンジをしていくための支援体制がどれほど整っているか。法整備なども含めて、まだ本当に最低限のことが行われているだけです。

そういった現実に直面しながら、彼は今、持ち前のガッツと物事を正面からとらえる姿勢、そのプロセスの中ですばやくいろいろなことを吸収して成長していくスピリットで、この病気を取り巻くさまざまな課題に取り組んでいます。

僕などは憤るばかりですが、彼は自分が受けとめるべき課題として、それを受け入れているのです。現状として受け入れたうえで、どうしたら自分はよりよく生きられるのかと考えているわけですね。

あの柔軟さはすごい。誰にでもできるものではないと思います。

結局、病気に対しても適応していっているわけです。自分を取り巻く状況に適応しながら、あきらめずにその中でのベストを探すチャレンジをしているのです。

身体は動かなくなっているけれど、自分がつらい思いをしたり、不条理に向かっていくプロセスの中で吸収したことを、自分の糧として成長していく姿勢があります。

ものすごくポジティブです。そのポジティブさの背後には、当事者として直面している者の必死さもあります。

あの柔軟性、適応力は、じつに見事です。

ハンディキャップを超越した存在を目指せ

あえて辛口のことも言っておきたいと思います。

「ALSであることでフィーチャーされている自分に、どこまでも冷静であれ」と。

「病気というハンディキャップを飛び越え、誰にも有無を言わせぬレベルまで昇りつめろ」と。

将胤は、ALSであるということで、世

間から注目していただく機会が増えました。

たしかに、病気によっていろいろな制約が増えつつある中で、精力的に社会的な活動を続けている彼の熱意は、評価に値することかもしれません。

しかし僕としては、「ALSであるから注目を浴びる」ところに、いささか引っかかりを感じています。

彼は、難病を背負ったから特別な存在になったわけではありません。

もともと彼の中に培われてきていたものが、この病気さえも乗り越えようとする強い力になっているのです。その資質は、ALSになる前から彼が持っていたものです。

ですから、「ALSであるから」ということだけで、見てほしくないのです。

「難病なのに、こんなことをやっていてすごい」という感覚を持たない人にこそ、高評価してもらえるようになるところまで頑張れ、と言いたいのです。

おそらく、このことは将胤自身も感じていることだと思います。

この本のテーマであるKEEP MOVING――動き続けること、これもわれわれのような世界にいれば至極当たり前のことです。KEEP MOVINGしなければ仕事は成り立たない、この業界で生きている人間は、みんなそういう思いを心の中にもっています。

しかし、この病気になって、どんどんKEEP MOVINGが困難になりつつある将胤がこれを現在のテーマとして掲げている。ここには二重、三重、いやそれ以上の意味が込められていると僕は思っています。

だから言いたいのです。

「ALSというハンディキャップを乗り越えたレベルまで飛び跳ねていけ」と。

「ずっと応援しているから、もっともっと越えていけ」と。

これが父親としての僕からのメッセージです。

今、「ホーキング博士逝去」のニュースが入りました。76歳――。

僕は昔、ホーキング博士にCMに登場していただいたことがあります。ホーキング博士が広告に出られた世界で最初のケースでした。1990年のことです。

博士は車いすで、当時から音声合成でコンピューターにしゃべらせていました。

そのホーキング博士と同じ病気に息子がなるなんて、思ってもみなかった。

その息子の話をしているさなかに、ホーキング博士の訃報が届いた。

何か不思議なめぐりあわせを感じます。

Epilogue

おわりに――「限界を作らない生き方」

なぜ僕が「KEEP MOVING」し続けられるのか――。

まわりで支えてくれている人たちがいるからです。家族や仲間たち、そして支援してくださるたくさんの方たち……僕が僕らしくいられるのは、支えてくれている人たちの力によるものです。心から感謝しています。

この場を借りてお礼を言わせていただきます。いつも本当にありがとう！

最後に、限界を作らないようにするために、僕が心がけていることを整理して挙げておきます。

1 できないことにくよくよしない。できることを最大化させる

できないことを憂えるのではなく、今できることに目を向ける。そうすると、前を向く勇気が湧きます。自分に自信ももてます。

©「WITH ALS」

2 コミュニケーションの手法は多岐に考える

世の中に何かを伝えるためには、いろいろなアプローチの仕方があります。より多くの人に伝えたいのであれば、できるだけ多岐なコミュニケーション方法で、多方面にコミュニティの輪を拡げていくことが大切。発想を固着させないよう意識しています。

3 テクノロジーをどんどん活用する

今の社会を変えていくには、テクノロジーの活用という要素がとても大きいです。不可能を可能にできる力、それがテクノロジーです。

4 アイディアはとにかく形にしてみる

どんなアイディアも、最初はぼんやりとしたイメージだけです。なんでもいいから、まず形にすること。最初からすごくいいものができるわけありません。まず形にしてみることで、どこをどう改良していったらいいかがわかるのです。

5 ビジョンを提示し、できる人たちをチームに巻き込む

自分でできることの範囲の中だけで考えていると、スケールの小さなものしか生まれません。大きなビジョンをもち、その分野の得意な人たちと連携していく。「こんなの無理だよなあ……」と思うことが、限界を作っています。誰かと組めば、できます。無理じゃなくなります。ビジョンが大きいほど、すごい人や面白い人が反応してくれます。

今、僕がひそかに思い描いている夢がふたつあります。

ひとつは、2年後の2020年東京パラリンピックの開会式または閉会式に、EYE VDJとして参加することです。

もうひとつは、障害のある方も健常者の方も誰もが垣根を越えて、快適に過ごせるテクノロジーが集まる、「HOTEL BORDERLESS TOKYO」を生み出すことです。

「ひそかに」と言いながら、こうして本に書いているのは、「限界を作らない」ための5つのポリシーに則《のっと》って、この場をひとつの想いを発信するチャンスと考えているからです。

垣根を越えたエンターテインメント、空間をお届けしたいと思っていますので、どなたか僕にオファーをお願いいいたします。

武藤将胤——身体的、社会的制約をアドバンテージに生きる挑戦を続けていきます。

2018年6月

カリフォルニア州・ロサンゼルスで生まれる。乗り物に乗ってお出かけするのが大好きなわんぱく少年だった。

幼少期からアニメや映画に囲まれて育つ。観た後は、いつだって人形を持って、アナザー・ストーリーを創作した。

4歳半のときに日本に帰国し、祖父母宅のある練馬区の石神井公園近くへ。その後、赤坂で大好きな兄弟とともに育つ。

國學院大學に入学。学生団体の活動を通じ、広告会社を志望。第一希望の博報堂に入社し、最高の同期たちと出会う。シェアハウスで、仲間との楽しい時間を過ごす。

2015.1

1月元旦、ALS 宣告を動画でカミングアウト。啓発活動をスタートすることを宣言。2月、ALSマークを普及させるプロジェクトから「WITH ALS」の活動を始動。

5月5日に、遊び心を忘れない夫婦になろうと入籍。9月に軽井沢で結婚式。10月に東京でWedding Fesを行う。

2015.11

音楽を通じてALSを啓発するイベントMOVE FES.を開始。2016年9月に、世界初の眼で奏でるDJ・VJプレイ「EYE VDJ」を実現。

3 月、原点であるロサンゼルスにて。博報堂を卒業し、ALS の未来を明るくするアイディアを形にしていくため起業することを決意し、動画で発信。

本書『KEEP MOVING 限界を作らない生き方』で、本を通じての新たなコミュニケーションに挑戦。

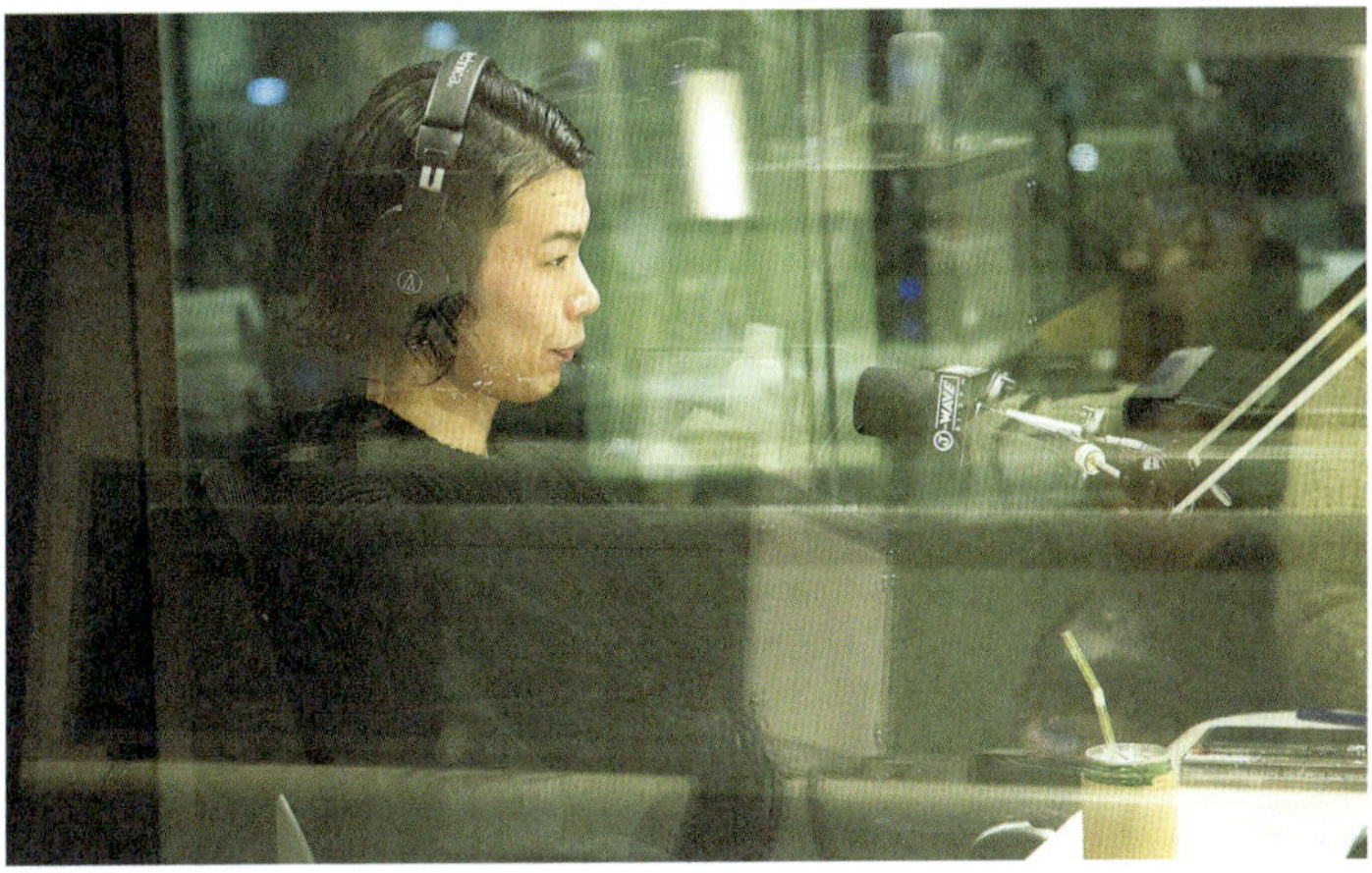

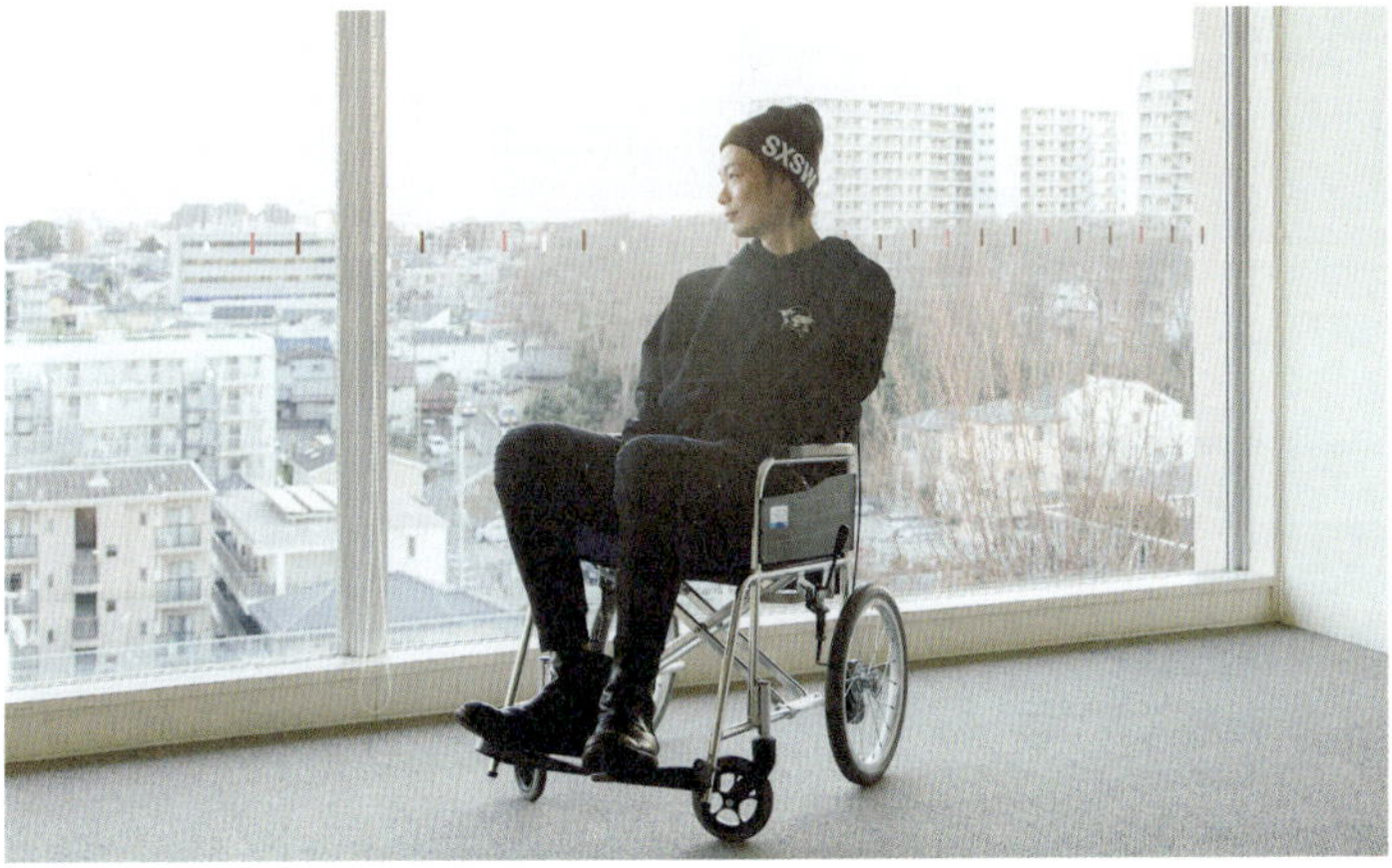

闘病を続けながら、J-WAVE ラジオナビゲーターやさまざまな企画開発に取り組む。

教育機関や病院での講演活動をしながら、3月には世界ALSデイに向けた、MUSIC FILM制作プロジェクトをスタート。Kick Offイベントにて EYE VDJ のライブパフォーマンス。

幼少期を過ごした石神井公園にて。母、
祖父母とともに、振り返りながら散策。

武藤将胤（むとう・まさたね）

1986年ロサンゼルス生まれ、東京育ち。難病ALS患者。一般社団法人 WITH ALS代表理事、コミュニケーションクリエイター、EYE VDJ。また、（株）REBORNにて、広告コミュニケーション領域における、クリエイティブディレクターを兼務。過去、（株）博報堂で「メディア×クリエイティブ」を武器に、さまざまな大手クライアントのコミュニケーション・マーケティングのプラン立案に従事。2013年26歳のときにALSを発症し、2014年27歳のときにALSと宣告を受ける。現在は、世界中にALSの認知・理解を高めるため「WITH ALS」を立ち上げテクノロジー×コミュニケーションの力を駆使した啓発活動を行う。本書『KEEP MOVING 限界を作らない生き方』が初の著書となる。

H P http://withals.com/　facebook https://www.facebook.com/project.withals/　Instagram https://www.instagram.com/withals_masa/

KEEP MOVING

限界《げんかい》を作《つく》らない生《い》き方《かた》

27歳《さい》で難病《なんびょう》ALSになった僕《ぼく》が挑戦《ちょうせん》し続《つづ》ける理由《りゆう》

2018年6月14日　発　行　　NDC914

著　者　武藤将胤《むとうまさたね》
発行者　小川雄一
発行所　株式会社 誠文堂新光社
〒113-0033　東京都文京区本郷3-3-11
（編集）電話 03-5800-5753
（販売）電話 03-5800-5780
URL http://www.seibundo-shinkosha.net/

印刷所　株式会社 大熊整美堂
製本所　和光堂 株式会社

ISBN 978-4-416-61839-4